三修社

CD付

バッチリ 話せる フランス語

すぐに使えるシーン別会話基本表現

クリスティアン・ブティエ 監修
ニコラ・ロランス

「覚えたい！」「使ってみたい！」フランス語の表現がバッチリ話せる！使いこなせる！

　フランス語の「覚えたい表現」と「使ってみたい表現」を効率的でムダなくマスターできるように，次のような《5つのバッチリ》で構成しました。

❶ バッチリ！自然なフランス語の発音とリズムを身につける！
　PART1で発音についての基本を解説。本書付属のCDを繰り返し聞き，声を出して発音練習し，自然なフランス語の発音とリズムを身につけましょう。

❷ バッチリ！リスニング力をつける！
　付属のCDを繰り返し聞いてください。とにかく聞きまくることでリスニング力が自然と身につきます。

❸ バッチリ！フランス語ってどんな言葉かスッキリわかる！
　PART1でフランス語の基本の文法を解説。最初は基本の基本だけを頭に入れるだけにし，話すレッスンの中で文法事項は再チェックするのが効率的です。

❹ バッチリ！日常コミュニケーションが集中マスターできる！
　日常生活で使われる頻度の高い表現を中心に構成。表現はできるだけ簡単で，応用の効くものが中心です。

❺ バッチリ！フランス旅行の必須表現を頭出しパターンでマスター！
　場面別フランス旅行会話では，頭出しパターンに色をつけて覚えやすくしていますから，効率的に話す力がつきます。また，会話の状況が目に浮かぶように，対話形式の構成にも重点をおいています。

　本書で「これでフランス語はバッチリ決まった！」と実感してください。

C☆O☆N☆T☆E☆N☆T☆S

PART 1 ●すぐに使える！
フランス語の基本 《発音・文法・基本単語》

■フランス語の発音　………10
◆アルファベ（alphabet）　◆母音の読み方　◆単独の母音字　◆複合の母音字（複母音字）　◆鼻母音　◆その他
◆子音の読み方　◆単独の子音字　◆複合の子音字　◆注意が必要な子音の発音
■アンシェヌマン　■リエゾン　■エリジヨン

■フランス語の基本文法　………18
◆名詞　◆冠詞　◆不定冠詞　◆定冠詞　◆部分冠詞　◆冠詞の縮約
◆形容詞　◆形容詞の性変化　◆形容詞の複数形と位置　◆指示形容詞　◆所有形容詞　◆主語人称代名詞　◆目的語人称代名詞　◆動詞　◆規則動詞の活用
◆疑問文の作り方　◆否定文の作り方　◆命令形

日常生活の基本単語　………30

PART 2 ●すぐに使える！
フランス語の頭出しパターン

1.「これは〜です」　　　C'est ＋名詞 / 形容詞 .　　………36
2.「私は〜です」　　　　Je suis ＋名詞 / 形容詞 .　　………37

⋯⋯⋯⋯⋯C☆O☆N☆T☆E☆N☆T☆S⋯⋯⋯⋯

3. 「〜をお願いします」 〜 , s'il vous plaît. ⋯⋯⋯38
4. 「〜がほしいのですが」Je voudrais + ほしい物 . ⋯⋯⋯39
5. 「〜したいのですが」 Je voudrais + 動詞の原形 . ⋯⋯⋯40
6. 「〜はありますか」 Vous avez 〜? ⋯⋯⋯41
7. 「〜してもいいですか」Je peux + 動詞の原形? ⋯⋯⋯42
8. 「〜できますか」/「〜していただけますか」
   Vous pouvez + 動詞の原形? ⋯⋯⋯43
9. 「〜はいかがですか」/「〜したいですか」
   Vous voulez + 名詞 / 動詞の原形? ⋯⋯⋯44
10. 「〜した」/「〜してしまった」
    J'ai / Je suis + 過去分詞 . ⋯⋯⋯45
11. 「何を〜」/「だれが (を) 〜」Que 〜? / Qui 〜? ⋯⋯⋯46
12. 「いつ〜?」/「どこ〜?」 Quand 〜? / Où 〜? ⋯⋯⋯48

PART 3 ●すぐに話せる！
よく使う基本・日常表現

◆日常のあいさつ⋯52　◆別れぎわの一言⋯54　◆感謝する⋯56　◆あやまる⋯58
◆はい , いいえ⋯60　◆聞き返す⋯62　◆感情を伝える⋯64　◆自己紹介の基本⋯68
◆友だちづくり〈出会い〉⋯70　◆友だちづくり〈付き合いのきっかけ〉⋯76　◆フランス (語) について⋯78　◆趣味⋯82　◆料理する⋯84　◆日本について語る⋯88
◆パーティ⋯90　◆招待する [される]⋯92　◆プレゼント⋯96　◆天気⋯98

CONTENTS

PART 4 ●すぐに話せる！
フランス旅行重要フレーズ

■機内・空港で…102　◆入国審査・税関…106　■移動する〈タクシー〉…110 ◆

■移動する〈電車・電車・バス〉…112　■ホテル〈チェックイン〉…118

■ホテル〈ルームサービス〉…122　■ホテル〈苦情・お礼など〉…124

■ホテル〈チェックアウト〉…126　■レストラン〈入店から注文〉…130

■カフェ/ファストフード…142　■ショッピング〈品物を探す〉…146　■ショッピング〈試してみる〉…148　■ショッピング〈値段交渉と支払い〉…154

■道をたずねる…158　■観光する〈美術館・博物館〉…162　■写真を撮る…166

■観劇・観戦…168　■両替する…172　■郵便局で…174　■電話で…178

■トラブル〈盗難・紛失〉…182　■病気・診察・薬局…186

単語

色…50　自己紹介…75　家族…95　機内・税関・空港…108　移動する…109

ホテル…128　レストラン…141　ショッピング…153　街角・観光…161

両替・郵便…177　トラブル…190　体の部位…191

本書の活用法

《5つのバッチリ》で
フランス語の「話す・聞く」を集中マスター

❶ バッチリ！発音と文法の基本がスッキリとマスター！
❷ バッチリ！聞き取りに慣れる！
❸ バッチリ！頭出しパターンを使って効率マスター！
❹ バッチリ！日常＆旅行の必須表現を速攻マスター！
❺ バッチリ！基本単語がテーマ別に覚えられる！

◆ PART **1**
すぐに使える！
フランス語の基本
《発音・文法・基本単語》

PART1では，最初に知っておきたいフランス語の基本知識（発音・文法）についてわかりやすく説明しています。最初は，概要を知るだけで大丈夫です。いろいろなフレーズをマスターする中で再チェックする学習が効果的です。また，日常よく使う数字・時刻，曜日，月などの基本単語を紹介しています。

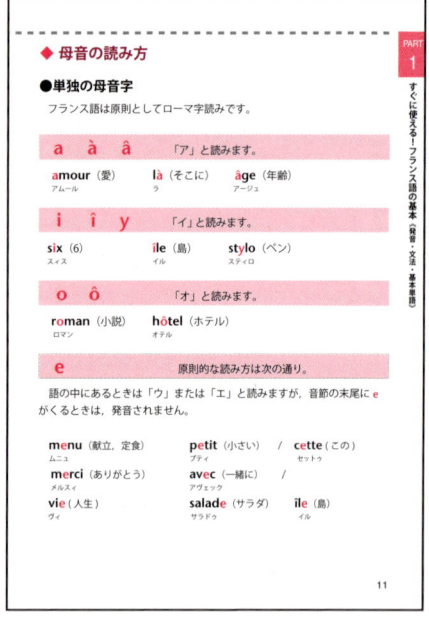

◆ PART 2
すぐに話せる！
頭出し基本パターン

　PART2 では，「〜がほしい」とか「〜したい」といった相手に伝えたい気持ちの頭出しパターンの一つひとつについて，その使い方を解説するとともに，差し替え例文（フランス旅行や日常会話場面でのフレーズ）でそのパターンの使い方になれることができるように工夫しています。この 12 の頭出しパターンを覚えるだけで，話す力が飛躍的に伸びます。

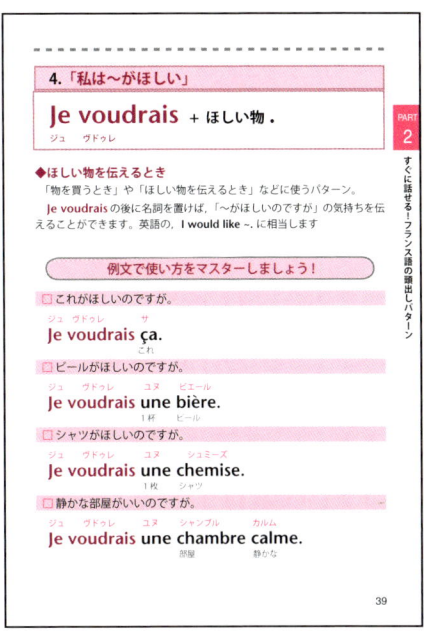

◆ PART 3
すぐに話せる！
よく使う基本・日常表現

　PART3 では，あいさつや日常表現などをテーマ別に紹介しています。

　基本表現と日常生活で使われる頻度の高いフレーズを中心に構成。

　表現はできるだけシンプルで、応用の効くものが中心です。

　表現に関するポイントをメモ式または注としてアドバイスしています。

　また，基本パターンのフレーズには，色をつけて覚えやすくしています。

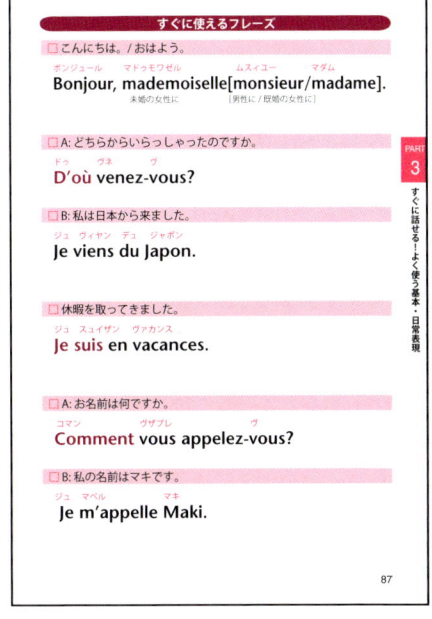

PART 4
すぐに話せる！
フランス旅行重要フレーズ

　PART4では，フランス旅行で役立つフレーズを場面別に豊富に紹介しています。

　さらに，必要に応じて表現に関するポイントをメモ式または注としてアドバイスし，ムダのない学習ができるように工夫しています。

　最初は使ってみたいフレーズを優先的に覚えましょう。それがフランス語会話学習が長続きするコツです。

◆本書の活用にあたって◆

◆本書付属の CD をくり返し聴いてマスターしましょう！

　本書では，フランス語の入門者の方のために読み方の補助としてカタカナルビをつけました。このルビはあくまでも発音のヒント（発音記号ではありませんから完璧な表記ではないことをお断りしておきます）ですから，付属の CD を繰り返し聴いてマスターしましょう。

　そのとき，声を出して練習してください。それが上達の早道です。

　また例文の下の訳は，日本語の語順との対応を理解するための補助としてご参照ください。

PART 1

すぐに使える！
フランス語の基本
〈発音・文法・基本単語〉

フランス語の発音

　フランス語の発音には，日本語にはない音がたくさんあります。また，英語ともかなり読み方の違うものがありますから注意しましょう。

◆**アルファベ（alphabet）**

　フランス語の「アルファベ」は英語と同じ 26 文字あります。

A	B	C	D	E	F	G	H	I
[ア]	[ベ]	[セ]	[デ]	[ウ]	[エフ]	[ジェ]	[アシュ]	[イ]

J	K	L	M	N	O	P	Q	R
[ジ]	[カ]	[エル]	[エム]	[エヌ]	[オ]	[ペ]	[キュ]	[エール]

S	T	U	V	W	X	Y	Z
[エス]	[テ]	[ユ]	[ヴェ]	[ドゥブルヴェ]	[イクス]	[イグレック]	[ゼッドゥ]

● 単語のつづり字には，基本の 26 文字のほかに次の文字が使われます。

é　à　è　ù　â　ê　î　ô　û

ë　ï　ü　œ（**o** と **e** の合字）　ç

◆ 母音の読み方

●単独の母音字

フランス語は原則としてローマ字読みです。

| **a à â** | 「ア」と読みます。 |

amour（愛）　　　l**à**（そこに）　　　**â**ge（年齢）
アムール　　　　　　ラ　　　　　　　　　アージュ

| **i î y** | 「イ」と読みます。 |

s**i**x（6）　　　　　**î**le（島）　　　　st**y**lo（ペン）
スィス　　　　　　　イル　　　　　　　　スティロ

| **o ô** | 「オ」と読みます。 |

r**o**man（小説）　　h**ô**tel（ホテル）
ロマン　　　　　　　オテル

| **e** | 原則的な読み方は次の通り。 |

語の中にあるときは「ウ」または「エ」と読みますが，音節の末尾に **e** がくるときは，発音されません。

m**e**nu（献立，定食）　　p**e**tit（小さい）　／　c**ette**（この）
ムニュ　　　　　　　　　プティ　　　　　　　　　セットゥ

m**e**rci（ありがとう）　　av**e**c（一緒に）　／
メルスィ　　　　　　　　　アヴェック

v**ie**（人生）　　　　　　sala**de**（サラダ）　　　　î**le**（島）
ヴィ　　　　　　　　　　　サラドゥ　　　　　　　　　イル

| é è ê | それぞれ「エ」と読みます。 |

café（コーヒー）　　été（夏）　/　rêve（夢）
カフェ　　　　　　エテ　　　　　レーヴ

| u û | それぞれ「ユ」と読みます。 |

sur（…の上に）　/　mûr（熟した）
スュル　　　　　　　ミュール

● 複合の母音字（複母音字）

　mai（5月）のように，母音が2つあるいは3つ重なったときに，原則として全体が1つの母音として発音されます。

ai, aî [エ]	mai（5月） メ	Japonais（日本人） ジャポネ
ei [エ]	Seine（セーヌ川） セーヌ	1つの母音として発音する。
au [オ]	autre（他の） オートゥル	auto（自動車） オト
eau [オ]	eau（水） オ	beaucoup（たくさん） ボク
ou, où, oû [ウ]	tout（すべての） トゥ	où（どこ） ウ
oi, oî [ワ]	roi（王） ロワ	mademoiselle（お嬢さん） マドゥモワゼル

● フランス語の発音

| eu [ウ] | bleu (青い) ブル | peu (少し) プゥ |
| œu [ウ] | sœur (姉妹) スール | œuf (卵) ウフ |

● 鼻母音

母音＋**n／m** の形で，前の母音が鼻に抜けるように発音します。フランス語特有のなめらかな発音です。

口を自然に少しあけたまま，鼻から空気を抜くように発音するのがコツ。

on / om [オン]
　　ongle (爪) オングル　　nombre (数) ノンブル

an, am / en, em [アン]
　　enfant (こども) アンファン　　ensemble (一緒に) アンサンブル

in, im / ain, aim / ein, eim / yn, ym / un, um [アン]
　　vin (ワイン) ヴァン　　pain (パン) パン　　reins (腰) ラン
　　symbole (象徴) サンボル　　parfum (香水) パルファン

ただし，**n, m** が連続するときは，鼻母音になりません。
　　homme (男・人間)
　　オム

PART 1　すぐに使える！フランス語の基本《発音・文法・基本単語》

● その他

母音字 + **il, ill** は [イユ] と発音します。

ail / eil / euil / ill
ail（ニンニク） / **soleil**（太陽） / **feuille**（葉） / **fille**（娘） アイユ　　　　　ソレイユ　　　　　　フイユ　　　　　　フィーユ

◆ 子音の読み方

一般に子音字はローマ字読みですが，次の場合には気をつけなければなりません。

● 単独の子音字　　*これを覚えれば フランス語が読めるようになる！*

c, ca, co, cu, cœ [k]	**café**（コーヒー） カフェ
ce, ci, cy [s]	**cercle**（円） セルクル
ç [s]	**leçon**（授業） ルソン
g, ga, go, gu [g]	**gare**（駅） ガール
ge, gi, gy [ʒ]	**gelé**（凍った） ジュレ
q [k]	**coq**（おんどり） コック

● フランス語の発音

x [ks] / [gz]	ta**x**i タクスィ（タクシー） e**x**amen エグザマン（試験）

●複合の子音字 〜これも覚える❗

ch [ʃ]	**ch**ocolat（チョコレート）ショコラ　　**ch**at（猫）シャ
gn [ɲ]	monta**gn**e（山）モンターニュ
ph [f]	**ph**oto（写真）フォト
th [t]	**th**é（お茶）テ
rh [r]	**rh**ume（風邪）リュム
sc [s] / [sk]	**sc**ience（学問）スィヤンス　　**sc**ulpteur（彫刻家）スキュルトゥール
ss [s]	pa**ss**er（通る）パセ

● 注意が必要な子音の発音

◆ 語尾の子音は原則として発音されません。

fort（強い） / **Pari**s（パリ）
フォール　　　　　パリ

例外として **c**, **f**, **l**, **r** は発音されることがあります。

avec（〜と） / **soi**f（渇き） / **que**l（どんな） / **me**r（海）
アヴェク　　　　　ソワフ　　　　　ケル　　　　　　　メール

◆ **s** は母音字の間では [ズ] と発音。

mais**on**（家） / **mademoi**s**elle**（お嬢さん）
メゾン　　　　　　マドゥモワゼル

◆ **h** には，文法上「無音の **h**」と「有音の **h**」があり，前者はリエゾンします。

無音：**h**ôtel（ホテル） → un **h**ôtel
　　　オテル　　　　　　　アンノテル

有音：**h**éros（英雄） → un **h**éros
　　　エロ　　　　　　　　アン　エロ

◆ **b** は **c**, **s**, **t** の前では [プ] と発音。

o**b**tenir（得る） / a**b**sent（欠席の）
オプトゥニール　　　　アプサン

●フランス語の発音

■アンシェヌマン (enchaînement)

　発音される語末の子音字が，次の語頭にある母音と結びついて発音される現象をアンシェヌマンと言います。

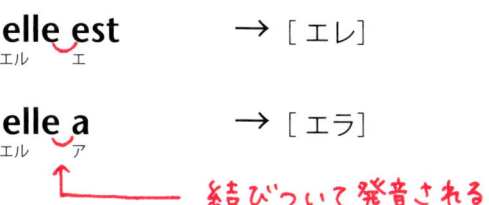

■リエゾン (liaison)

　本来，単独では発音されない語末の子音字が，母音および無音の h で始まる次の語と結びついて発音されるようになる現象をリエゾンと言います。とくに，人称代名詞と動詞の間，冠詞と名詞の間で起こります。

■エリジヨン (élision)

　母音の連続を避けるために，語末の母音が，母音または無音の h で始まるいくつかの語の前では，省略されることがあります。これをエリジヨンと言います。

je aime ジェ エム	→	j'aime ジェーム
la école ラ エコル	→	l'école レコル

フランス語の基本文法

◆ 名詞 ‥‥‥‥‥‥‥‥‥‥‥‥

● 名詞…「男性名詞」,「女性名詞」

フランス語の名詞には「男性名詞」と「女性名詞」があります。

人間や生物などを表す名詞だけでなく，人の職業や国籍名，事物を表す名詞も文法上，「男性名詞」か「女性名詞」のいずれかに分かれています。

● 「男性名詞」　　homme（男，人間）/ livre（本）
　　　　　　　　　オム　　　　　　　　リーヴル
　　　　　　　　soleil（太陽）/ Français（フランス人）
　　　　　　　　　ソレィユ　　　　　　フランセ

● 「女性名詞」　　femme（女，妻）/ lune（月）
　　　　　　　　　ファム　　　　　　　リュヌ
　　　　　　　　revue（雑誌）/ Française（フランス人）
　　　　　　　　　ルヴュ　　　　　　フランセーズ

一般に，人間や動物を表す名詞の女性形は，男性形の語末に e をつけます。ただし，この -e は発音されません。

【これが原則】 男性形 + e = 女性形

　　（例）　【男性形】　　　　　　　　　【女性形】　　　　　— 発音されない
　　　　　étudiant「学生」　⇒　étudiante（学生）
　　　　　エテュディヤン　　　　　　　　エテュディヤントゥ

　　　　　Japonais「日本人」　⇒　Japonaise「日本人」
　　　　　ジャポネ　　　　　　　　　　　ジャポネーズ

● 名詞…「単数形」,「複数形」

フランス語の名詞には「単数形」と「複数形」があります。

複数形の作り方は次のようになります。

【これが原則】　単数形 ＋ ⓢ ＝ 複数形

> ただし，この -s は発音されません。

発音されない ↓

- ●「男性・単数」**étudiant**（学生）　⇒「男性・複数」**étudiants**（学生）
  エテュディヤン　　　　　　　　　　　　　　エテュディヤン

  「男性・単数」**billet**（切符）　⇒「男性・複数」**billets**（切符）
  ビエ　　　　　　　　　　　　　　　　　　ビエ

- ●「女性・単数」**étudiante**（学生）　⇒「女性・複数」**étudiantes**（学生）
  エテュディヤントゥ　　　　　　　　　　　　エテュディヤントゥ

  「女性・単数」**place**（学生）　⇒「女性・複数」**places**（学生）
  プラス　　　　　　　　　　　　　　　　　プラス

語尾が **s** で終わっている場合には，複数でも **s** をつけません。

　　例）**Français**（フランス人）
　　　　フランセ

　　　　Japonais（日本人）
　　　　ジャポネ

◆ 冠詞

　フランス語の名詞には「男性名詞」と「女性名詞」がありますが，それに応じて冠詞が変化します。
　また，フランス語では冠詞にも複数形があります。名詞の性別や単数形か複数形は冠詞を見ればわかります。

◆ 不定冠詞

　1つ，2つと数えることのできるものを表す名詞に対して使います。

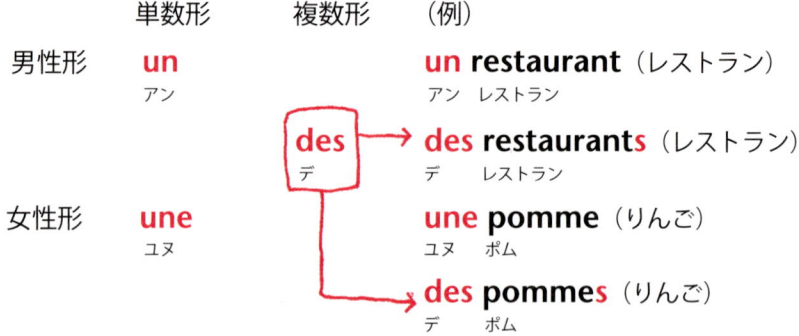

● フランス語の基本文法

◆ 定冠詞

話し手と聞き手が，共に何を指しているかわかっているときに定冠詞を用います。月とか太陽などは世界に 1 つしかないものは，最初から何を指しているかわかりますから，定冠詞がつきます。

定冠詞も不定冠詞と同じように，性・数の変化があります。

le, la のあとに母音で始まる語がくるとき，le が l', la が l' となります。また，無音の h で始まる名詞の前も l' になります。（p.17 エリジヨン参照）

◆ 部分冠詞

「水」や「塩」などの数えられないものには，部分冠詞を用います。意味としては英語の some に相当します。また，「運」などの抽象的な概念を表す名詞にも部分冠詞を用います。部分冠詞には，複数形はありません。

　　　　　　　　　　（例）
男性形　du (de l')　　du vin（ワイン）／ de l'argent（お金）
　　　　デュ　　　　　デュ ヴァン　　　　　ドゥ ラルジャン

女性形　de la (de l')　de la viande（肉）／ de l'eau（水）
　　　　ドゥ ラ　　　　ドゥ ラ ヴィヤンドゥ　　ドゥ ロ

◆ 冠詞の縮約

定冠詞 le と les は，その前に前置詞の à か de が置かれると，それと結びついて特別な形を作ります。この現象を縮約と呼びます。

à + le	→	au	de + le	→	du
ア ル		オー	ドゥ ル		デュ
à + les	→	aux	de + les	→	des
ア レ		オー	ドゥ レ		デ

(例) à le Canada → au Canada （カナダに）
　　 ア ル カナダ　　　　 オー カナダ
　　 de le Japon → du Japon （日本から）
　　 ドゥ ル ジャポン　　 デュ ジャポン

女性名詞のときはそのまま à la, de la
後に続く名詞が母音または無音の h のときは男・女性形とも à l', de l'

◆ 形容詞

形容詞は修飾する名詞の性・数に応じて変化します。

◆ 形容詞の性変化

形容詞の性・数の変化は名詞の変化と同じですから，原則として，女性形には男性形の語末に **e** がつきます。

【これが原則】 男性形 + e = 女性形

　　例） petit （小さい）　　→ petit**e**
　　　　 プティ　　　　　　　　 プティトゥ
　　　　 grand （大きい）　　→ grand**e**
　　　　 グラン　　　　　　　　 グランドゥ

◆ 形容詞の複数形と位置

【これが原則】 男性形 + s = 男性形複数

例) petit**s**
　　プティ

　　男性形 + es = 女性形複数

例) petit**es**
　　プティトゥ

●形容詞は原則として名詞の後におきます。

```
名詞　+　形容詞
```

例) un studio　magnifique（すてきな部屋）
　　アン　ステュディオ　マニフィック

ただし，次のような日常よく使われる音節の短い形容詞は，例外的に名詞の前におきます。

名詞の前に：
- petit（小さい）プティ
- jeune（若い）ジュンヌ
- bon（良い）ボン
- beau（美しい）ボー
- grand（大きい）グラン
- vieux（年老いた）ヴィユ
- mauvais（悪い）モヴェ
- joli（きれいな）ジョリ

```
形容詞　+　名詞
```

例) un beau paysage（美しい風景）
　　アン　ボー　ペイザージュ

◆指示形容詞

日本語で「この」「その」「あの」は，フランス語では **ce** の一語で表現します。この語は限定する名詞の性・数に応じて変化します。

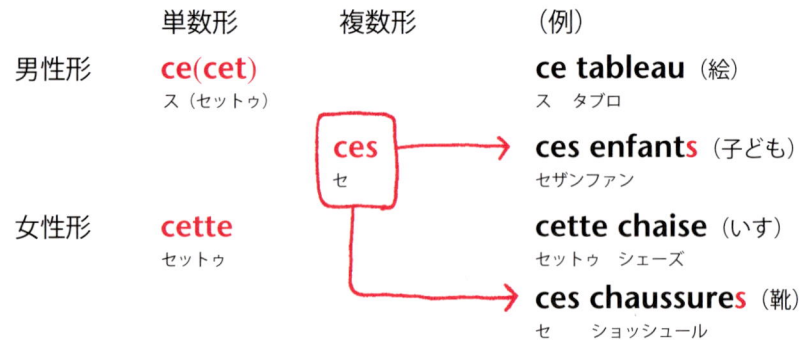

母音で始まる男性形の単数名詞の前では **ce → cet**。　**cet homme**（男）
セットム

◆所有形容詞

英語で言えば，my，you などの代名詞の所有格に当たるものを，フランス語では**所有形容詞**といいます。

	男性単数形	女性単数形	複数形
● 私の	**mon** モン	**ma(mon)** マ	**mes** メ
● 君の	**ton** トン	**ta (ton)** タ	**tes** テ
● 彼の，彼女の	**son** ソン	**sa (son)** サ	**ses** セ
● 私たちの	**notre** ノートゥル	**notre** ノートゥル	**nos** ノ
● あなた(たち)の 君たちの	**votre** ヴォートゥル	**votre** ヴォートゥル	**vos** ヴォ
● 彼らの，彼女たちの	**leur** ルール	**leur** ルール	**leurs** ルール

● フランス語の基本文法

　この語も限定する名詞の性・数に応じて変化し，所有する者の性別は関係ないことに注意してください。

◆主語人称代名詞

- 私　　　　je　　　　　　● 私たち　　　　　nous
- 　　　　　ジュ　　　　　　　　　　　　　　　ヌ
- 君　　　　tu　　　　　　● あなた(たち)　　vous
- 　　　　　テュ　　　　　　　君たち　　　　　ヴ
- 彼/それ　il　　　　　　● 彼ら/それら　　 ils
- 　　　　　イル　　　　　　　　　　　　　　　イル
- 彼女/それ elle　　　　　● 彼女たち/それら elles
- 　　　　　エル　　　　　　　　　　　　　　　エル

il，elle は人だけでなく一般に男性名詞，女性名詞を受けます。

◆目的語人称代名詞

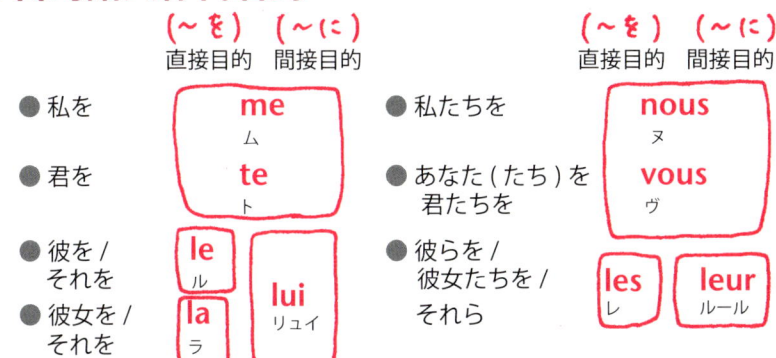

母音で始まる動詞の前では，**me, te, le, la** はそれぞれ **m', t', l', l'** になります。

〈例文〉「写真を撮っていただけますか」

　　　　　ヴ　　プヴェ　　ム　　プランドゥル　アン　フォト
　　　　Vous pouvez me prendre en photo?
　　　　　　　　　　　　私を　撮る　　　　　写真に

動詞の前に置かれます。

◆ 動詞

動詞は，人称と数によって変化します。これを動詞の活用といいます。
　フランス語の動詞の不定詞（辞書の見出しの形）のほぼ9割は語尾が -er で終り，規則的な活用をします。

　ただし，日常よく使われる次のような動詞の多くは不規則な変化をします。
◇être「…です」　◇avoir「持つ」　◇aller「行く」など

（よく使われる動詞です。）

● être（…です）の活用

● 私	je suis ジュ スュイ	● 私たち	nous sommes ヌソム
● 君	tu es テュ エ	● あなた(たち)/君たち	vous êtes ヴゼットゥ
● 彼/それ	il est イレ	● 彼ら/それら	ils sont イルソン
● 彼女/それ	elle est エレ	● 彼女たち/それら	elles sont エルソン

● avoir（持つ）の活用

● 私	j'ai ジェ	● 私たち	nous avons ヌザヴォン
● 君	tu as テュア	● あなた(たち)/君たち	vous avez ヴザヴェ
● 彼/それ	il a イラ	● 彼ら/それら	ils ont イルゾン
● 彼女/それ	elle a エラ	● 彼女たち/それら	elles ont エルゾン

● aller（行く）の活用

● 私	je vais ジュ ヴェ	● 私たち	nous allons ヌザロン
● 君	tu vas テュ ヴァ	● あなた(たち)/ 君たち	vous allez ヴザレ
● 彼/それ	il va イル ヴァ	● 彼ら/それら	ils vont イル ヴォン
● 彼女/それ	elle va エル ヴァ	● 彼女たち/ それら	elles vont エル ヴォン

◆規則動詞の活用

活用の際に，語幹は常に不変で，語尾のみが規則的に変化する動詞です。次のように一定の活用をします。

● 第1グループの動詞 --- 語尾が **er**

フランス語の動詞の 90% はこの動詞です。

【aimer（…が好きだ）の活用】

● 私	j'aime ジェム	● 私たち	nous aimons ヌゼモン
● 君	tu aimes テュエム	● あなた(たち)/ 君たち	vous aimez ヴゼメ
● 彼/ 彼女/ それ	il / elle aime イレム / エレム	● 彼ら/ 彼女たち/ それら	ils / elles aiment イルゼム / エルゼム

【第1グループの動詞例】

regard**er**（見る）/ chant**er**（歌う）/ travaill**er**（働く）

● 第2グループの動詞 --- 語尾が **ir**

【 fin**ir**（終える）の活用】

- 私　je fini**s**
  ジュ フィニ
- 君　tu fini**s**
  テュ フィニ
- 彼/　il /elle fini**t**
  彼女/ イル/エル フィニ
  それ
- 私たち　　　nous fini**ssons**
  ヌ　　　　　フィニソン
- あなた(たち)/　vous fini**ssez**
  君たち　　　　ヴ　フィニセ
- 彼ら/　　　ils /elles fini**ssent**
  彼女たち/　イル/エル　フィニス
  それら

【第2グループの動詞例】

chois**ir**（選ぶ）/ réuss**ir**（成功する）/ grand**ir**（成長する，大きくなる）

この3種類はしっかり覚えましょう。会話で重要！

◆ 疑問文の作り方

疑問文を作る方法には，次の3種類があります。

◇ 語順は平叙文のままで，文末のイントネーションを上げる。
　例) **Vous êtes japonais?**　　　（あなたは日本人ですか）
　　　ヴゼットゥ　ジャポネ

◇ 平叙文の文頭に **Est-ce que**（母音の前なら **Est-ce qu'**）を置く。
　例) **Est-ce que vous êtes japonais?**（あなたは日本人ですか）
　　　エ ス ク　ヴゼットゥ　ジャポネ

◇ 主語（代名詞）と動詞を倒置する。
　例) **Êtes-vous japonais?**（あなたは日本人ですか）
　　　エットゥ ヴ　ジャポネ

◆否定文の作り方

否定形は，動詞の前に **ne**，後ろに **pas** をおいて作ります。
〈**ne** ＋動詞の活用形 ＋ **pas**〉の形にします。

Je ne sais pas.
ジュヌ　セ　パ

（私は知りません）　　*sais（savoir：知る）

動詞が母音または **h**（無音）で始まる場合は，**ne** は **n'** となります。

Ce n'est pas une montre.
ス　ネ　パ　ユヌ　モントゥル

（これは腕時計ではありません）

◆命令形

3つの形があり，動詞の現在形から主語をとって作ります。

◇ **tu** に対して「〜しなさい」

　例）**tu écoutes** → **Écoute!** *　　*er 動詞の場合，活用語
　　　テュ　エクトゥ　　　エクトゥ　　　尾の **s** が落ちます。

　　　tu finis → **Finis!**
　　　テュ　フィニ　　フィニ

◇ **nous** に対して「〜しましょう」

　例）**nous écoutons** → **Écoutons!**
　　　ヌゼクトン　　　　　エクトン

◇ **vous** に対して「〜してください」

　例）**vous écoutez** → **Écoutez!**　*écouter「聞く」
　　　ヴゼクテ　　　　　エクテ

【日常生活の基本単語】

■ 数【基数】

- [ ] 1 **un / une**
  アン　ユヌ
- [ ] 2 **deux**
  ドゥ
- [ ] 3 **trois**
  トゥロワ
- [ ] 4 **quatre**
  カトゥル
- [ ] 5 **cinq**
  サンク
- [ ] 6 **six**
  スィス
- [ ] 7 **sept**
  セットゥ
- [ ] 8 **huit**
  ユイットゥ
- [ ] 9 **neuf**
  ヌフ
- [ ] 10 **dix**
  ディス
- [ ] 11 **onze**
  オンズ
- [ ] 12 **douze**
  ドゥーズ
- [ ] 13 **treize**
  トゥレーズ
- [ ] 14 **quatorze**
  カトルズ
- [ ] 15 **quinze**
  カンズ
- [ ] 16 **seize**
  セーズ
- [ ] 17 **dix-sept**
  ディセットゥ
- [ ] 18 **dix-huit**
  ディズユイットゥ
- [ ] 19 **dix-neuf**
  ディズヌフ
- [ ] 20 **vingt**
  ヴァン
- [ ] 21 **vingt-et-un**
  ヴァンテ　アン
- [ ] 22 **vingt-deux**
  ヴァントゥ　ドゥ
- [ ] 30 **trente**
  トゥラントゥ
- [ ] 40 **quarante**
  カラントゥ
- [ ] 50 **cinquante**
  サンカントゥ
- [ ] 60 **soixante**
  スワサントゥ
- [ ] 70 **soixante-dix**
  スワサントゥ　ディス
- [ ] 80 **quatre-vingts**
  カトゥル　ヴァン
- [ ] 81 **quatre-vingt-un**
  カトゥル　ヴァン　タン
- [ ] 90 **quatre-vingt-dix**
  カトゥル　ヴァン　ディス
- [ ] 100 **cent**
  サン

☐ 200	**deux-cents***	ドゥ サン
☐ 500	**cinq-cents***	サン サン
☐ 600	**six-cents**	スィ サン
☐ 1 000	**mille**	ミル
☐ 2 000	**deux-mille***	ドゥ ミル
☐ 10 000	**dix-mille**	ディ ミル
☐ 20 000	**vingt-mille**	ヴァン ミル
☐ 100 000	**cent-mille**	サン ミル
☐ 1 000 000	**un million**	アン ミリヨン

* 200 のあとに端数がつけば，**s** はつかない。**201 deux cent un**。

* **mille** の整数倍には **cent** のように **s** はつきません。

◆ フランス語の 70 は，60 (**soixante**) + 10 (**dix**) で表します。

◆ 80，90 も特別な言い方をします。

80 は 4 (**quatre**) × 20 (**vingt**)
90 は 4 (**quatre**) × 20 (**vingt**) + 10 (**dix**) で表します。

■ 数【序数】

序数は「基数詞 + **ième**」が原則。
イエム

- ☐ 1er **premier** プルミエ
- ☐ (1ère) (**première**) (女性形) プルミエール
- ☐ 2e **deuxième** ドゥズィエム
- ☐ 3e **troisième** トゥロワズィエム
- ☐ 4e **quatrième** カトゥリエム
- ☐ 5e **cinquième** サンキエム
- ☐ 6e **sixième** スィズィエム
- ☐ 7e **septième** セッティエム
- ☐ 8e **huitième** ユイッティエム
- ☐ 9e **neuvième** ヌヴィエム
- ☐ 10e **dixième** ディズィエム
- ☐ 11e **onzième** オンズィエム
- ☐ 12e **douzième** ドゥーズィエム
- ☐ 13e **treizième** トレーズィエム

☐ 14ᵉ	**quatorzième**	カトルズィエム
☐ 15ᵉ	**quinzième**	カンズィエム
☐ 16ᵉ	**seizième**	セーズィエム
☐ 17ᵉ	**dix-septième**	ディ セッティエム
☐ 18ᵉ	**dix-huitième**	ディズュイッティエム
☐ 19ᵉ	**dix-neuvième**	ディズ ヌヴィエム
☐ 20ᵉ	**vingtième**	ヴァンティエム
☐ 21ᵉ	**vingt et unième**	ヴァンテ ユニエーム
☐ 22ᵉ	**vingt-deuxième**	ヴァントゥ ドゥーズィエム
☐ 30ᵉ	**trentième**	トゥランティエム
☐ 100ᵉ	**centième**	サンティエム
☐ 1 000ᵉ	**millième**	ミリエム

◆ 「第2」は second, seconde
　　　　　　　スゴン　　スゴンドゥ
　ともいいます。

◆ 基数が -e で終る場合は，-e を除いて，-ième をつけます。

◆ cinq は u をつけてから -ième

◆ neuf の f は v に変えてから
　-ième をつけます。

■ 月

☐ 1月	**janvier**	ジャンヴィエ
☐ 2月	**février**	フェヴリエ
☐ 3月	**mars**	マルス
☐ 4月	**avril**	アヴリル
☐ 5月	**mai**	メ
☐ 6月	**juin**	ジュアン
☐ 7月	**juillet**	ジュイエ
☐ 8月	**août**	ウッ（ト）
☐ 9月	**septembre**	セプタンブル
☐ 10月	**octobre**	オクトブル
☐ 11月	**novembre**	ノヴァンブル
☐ 12月	**décembre**	デサンブル

■ 曜日

- ☐ 月曜日 **lundi** ランディ
- ☐ 火曜日 **mardi** マルディ
- ☐ 水曜日 **mercredi** メルクルディ
- ☐ 木曜日 **jeudi** ジュディ
- ☐ 金曜日 **vendredi** ヴァンドゥルディ
- ☐ 土曜日 **samedi** サムディ
- ☐ 日曜日 **dimanche** ディマンシュ

- ☐ 昨日 **hier** イエール
- ☐ 一昨日 **avant-hier** アヴァンティエール
- ☐ 今日 **aujourd'hui** オジュルデュイ
- ☐ 明日 **demain** ドゥマン
- ☐ 明後日 **après-demain** アプレ ドゥマン
- ☐ 昨夜 **hier soir** イエール ソワール
- ☐ 今朝 **ce matin** ス マタン
- ☐ 今日の午後 **cet après-midi** セッタプレ ミディ

- ☐ 今晩 **ce soir** ス ソワール
- ☐ 今週 **cette semaine** セットゥ スメンヌ
- ☐ 来週 **la semaine prochaine** ラ スメンヌ プロシェンヌ
- ☐ 先週 **la semaine dernière** ラ スメンヌ デルニエール

■ 時刻の言い方

- ☐ 時間 **heure** ウール
- ☐ 分 **minute** ミニュトゥ
- ☐ 正午 **midi** ミディ
- ☐ 午前零時 **minuit** ミニュイ
- ☐ 15分 **un quart d'heure** アン カルドゥール
- ☐ 30分 **une demi-heure** ユヌ ドゥミ ウール
- ☐ 1時 **une heure** ユヌール
- ☐ 1時10分 **une heure dix** ユヌール ディス
- ☐ 2時 **deux heures** ドゥズール
- ☐ 5時10分前 **cinq heures moins dix** サンクール モワン ディス

● 日常生活の基本単語

PART 1 すぐに使える！フランス語の基本《発音・文法・基本単語》

■ 季節

「春に」
au printemps

- □ 春　**printemps**　プランタン
- □ 夏　**été**　エテ
- □ 秋　**automne**　オトヌ
- □ 冬　**hiver**　イヴェール

▶ 夏・秋・冬には "en" アン がつきます。

■ 形

- □ 丸い　**rond(e)**　ロン（ロンドゥ）
- □ 四角い　**carré(e)**　カレ
- □ 三角形の　**triangulaire**　トゥリアンギュレール
- □ だ円形の　**ovale**　オヴァル

■ 方角・方向

「北に」au nord

- □ 東　**est**　エストゥ
- □ 西　**ouest**　ウエストゥ
- □ 南　**sud**　スュドゥ
- □ 北　**nord**　ノール
- □ 右　**droite**　ドロワットゥ
- □ 左　**gauche**　ゴーシュ
- □ ここ　**ici**　イスィ

- □ あそこ　**là-bas**　ラ バ
- □ ～の上に　**sur ~**　スュル
- □ ～の下に　**sous ~**　ス
- □ ～の前に　**devant ~**　ドゥヴァン
- □ ～の後ろに　**derrière ~**　デリエール
- □ ～の横に　**à côté de ~**　ア コテ ドゥ
- □ ～と…の間に　**entre ~ et …**　アントゥル エ

「右に」à droite ア

PART 2
すぐに話せる！フランス語の頭出しパターン

1.「これは〜です」

C'est ＋名詞 / 形容詞．
セ

◆ ものを指し示すなどの幅広い表現

　c'est 〜 は「これは〜です」と物を指し示すときや説明するときなど，さまざまな用法のある活用の広い表現です。

　c'est は英語の this is, that is, it is にあたります。

　　ce と est が ひとつづきしたもの

例文で使い方をマスターしましょう！

□ これはあなたへのプレゼントです。

セタン　　　カドー　　プール　ヴ
C'est un cadeau pour vous.
　　　　プレゼント　　あなたへの

□ とてもおいしいですね。

セ　トゥレ　ボン
C'est très bon.　　名詞だけでなく
　　とても　おいしい　形容詞もつけることができる。

□ これは私のものです。

セタ　　モワ
C'est à moi.
　　　私のもの

□ 土曜日です。

セ　　サムディ
C'est samedi.
　　土曜日

2.「私は〜です」

Je suis +名詞 / 形容詞.
ジュ　スュイ

◆ 自己紹介をするとき

自己紹介をするときのパターンです。

出会いでのあいさつと自己紹介表現は，さっと言い出せるようにしておきましょう。まず Je suis ~. を使って名前や職業が言えるように練習しましょう。

例文で使い方をマスターしましょう！

□ 私は日本人（女性）です。

ジュ　スュイ　ジャポネーズ
Je suis japonaise.
　　　　　日本人（女性）

男性形は japonais

□ 私は学生です。

ジュ　スュイ　エテュディヤントゥ
Je suis étudiante.
　　　　　女子学生

□ ぼくは会社員です。

ジュ　スュイ　アンプロワイエ　ドゥ　ビュロー
Je suis employé de bureau.
　　　　　会社員

□ ぼくはうれしいです。

ジュ　スュイ　コンタン
Je suis content.
　　　　　うれしい

女性の場合は employée

3.「~をお願いします」

~ , s'il vous plaît.
スィル ヴ プレ

◆ 人にものを頼んだりお願いしたりするとき

人にものを頼んだりお願いしたりする場合に使います。ほしいものの後ろに s'il vous plaît を付けるだけで「~をください」と伝えることができとても役立ちます。英語の please に相当しますね。

S' = si は「もし」の意.

例文で使い方をマスターしましょう！

□ コーヒーを1杯ください。

アン カフェ スィル ヴ プレ
Un café, s'il vous plaît.
1杯　コーヒー

Plaire（気に入る）の活用形

□ パンをください。

デュ パン スィル ヴ プレ
Du pain, s'il vous plaît.
パン

直訳「もしそれがあなたの気に入るならば」

□ お勘定，お願いします。

ラディスィヨン スィル ヴ プレ
L'addition, s'il vous plaît.
勘定

□ ミネラルウォーターをください。

ドゥ ロー ミネラル スィル ヴ プレ
De l'eau minérale, s'il vous plaît.
　水　　鉱物質を含む

4.「〜がほしいのですが」

Je voudrais + ほしい物.
ジュ　ヴドゥレ

◆ ほしい物を伝えるとき

「ほしい物を伝えるとき」や「物を買うとき」などに使うパターンです。

Je voudrais の後に名詞を置けば、「〜がほしいのですが」の気持ちを伝えることができます。

英語の，**I would like ~.** に相当します。

> 例文で使い方をマスターしましょう！

□ これがほしいのですが。

ジュ　ヴドゥレ　　サ
Je voudrais ça.
　　　　　　　　これ

□ ビールがほしいのですが。

ジュ　ヴドゥレ　　ユヌ　ビエール
Je voudrais une bière.
　　　　　　　　1杯　　ビール

□ シャツがほしいのですが。

ジュ　ヴドゥレ　　ユヌ　シュミーズ
Je voudrais une chemise.
　　　　　　　　1枚　　シャツ

□ 静かな部屋がいいのですが。

ジュ　ヴドゥレ　　ユヌ　シャンブル　　カルム
Je voudrais une chambre calme.
　　　　　　　　　　　部屋　　　　静かな

5.「〜したいのですが」

Je voudrais + 動詞の原形.
ジュ　ヴドゥレ

辞書の見出しの形

◆ 何かをしたいとき

このパターンは「何かをしたい」ときのていねいな表現。

Je voudrais の後に動詞を置くと、「買いたい」、「電話したい」「両替したい」、「見たい」などといったさまざまな気持ちが表現できます。

英語の **I'd like to** に相当します。

例文で使い方をマスターしましょう！

□ エッフェル塔を見てみたいのですが。

ジュ　ヴドゥレ　　ヴォワール ラ トゥール エッフェル
Je voudrais voir la tour Eiffel.
　　　　　　　　見る　　　　エッフェル塔

□ 香水を買いたいのですが。

ジュ　ヴドゥレ　　アシュテ　　デュ　パルファン
Je voudrais acheter du parfum.
　　　　　　　　買う　　　　　　香水

□ テニスをしたいのですが。

ジュ　ヴドゥレ　　フェール　デュ　テニス
Je voudrais faire du tennis.
　　　　　　　　する　　　　テニス

□ ベルサイユ宮殿を訪れたいのですが。

ジュ　ヴドゥレ　　ヴィズィテ　ル　シャトー　　ドゥ ヴェルサィユ
Je voudrais visiter le château de Versailles.
　　　　　　　　訪ねる　　　宮殿　　　　　ベルサイユの

6.「〜はありますか」

Vous avez ~ ?
ヴザヴェ

◆ ほしいものがあるかどうかを尋ねるとき

ショッピングやレストランでの食事のときに，自分のほしいものがあるかどうかを尋ねるときに用いるパターンです。

vous avez のリエゾン（P.17 参照）の発音に注意。

例文で使い方をマスターしましょう！

□ コース料理はありますか。

ヴザヴェ　　　ル　ムニュ
Vous avez le menu ?
　　　　　　　　コース料理

□ 切手はありますか。

ヴザヴェ　　　デ　タンブル
Vous avez des timbres ?
　　　　　　　　切手

□ 町の地図はありますか。

ヴザヴェ　　　アン プラン ドゥ ラ ヴィル
Vous avez un plan de la ville ?
　　　　　　　　地図　　町の

□ きょうだい（兄弟姉妹）はいますか。

ヴザヴェ　　　デ　フレール　エ　スール
Vous avez des frères et sœurs ?
　　　　　　　　兄弟　　　　姉妹

結びつけて発音します。

PART 2　すぐに話せる！フランス語の頭出しパターン

7.「〜してもいいですか」

Je peux ＋動詞の原形 **?**
ジュ プ

◆ 自分の行動の許可を相手に求めるとき

Je peux ~ ? で「〜してもいいですか」「〜できますか」と自分の行動の許可を相手に求めるときの表現パターン。倒置疑問文にするときは，**Puis-je ~ ?** [ピュィ ジュ] と特殊な形をとります。**Peux-je ?** とは言いません。「私は〜することができます」は **Je peux ~.**

> 例文で使い方をマスターしましょう！

□ 試着してもいいですか。

Je peux l'essayer ?
ジュ プ　レセイエ
　　　　　それを試す

（書き込み: le または la の省略形（エリジョン））

□ 窓を閉めてもいいですか。

Je peux fermer la fenêtre ?
ジュ プ　フェルメ　ラ フネートゥル
　　　　　閉める　　　窓

□ ここで予約できますか。

Je peux réserver ici ?
ジュ プ　レゼルヴェ　イスィ
　　　　　予約する　　ここで

□ これを持って行ってもいいですか。

Je peux prendre ça ?
ジュ プ　プランドゥル　サ
　　　　　持って行く　　これ

8.「～できますか」/「～していただけますか」

Vous pouvez + 動詞の原形 ?
ヴ　　　　プヴェ

◆ 頼みごと（依頼）をするとき

「教えていただけますか」「予約していただけますか」など，頼みごと（依頼）をするときのていねいな言い方が **Vous pouvez[=Pouvez-vous] ~ ?** のパターンです。目的語が人称代名詞のときは，それを動詞の原形の前におきます。

例文で使い方をマスターしましょう！

□ 私の写真を撮っていただけますか。

Vous pouvez me prendre en photo ?
ヴ　　プヴェ　ム　プランドゥラン　　フォト
　　　　　　私を　撮る　　　　写真に

□ 手伝っていただけますか。

Vous pouvez m'aider ?
ヴ　　プヴェ　メデ
　　　　　　私を 手伝う

□ 窓を閉めていただけますか。

Vous pouvez fermer la fenêtre ?
ヴ　　プヴェ　フェルメ　ラ　フネートゥル
　　　　　　閉める　　　　窓

□ タクシーを呼んでいただけますか。

Vous pouvez m'appeler un taxi ?
ヴ　　プヴェ　マプレ　　　アン　タクスィ
　　　　　　私に 呼ぶ　　　　タクシー

m' = me

PART 2　すぐに話せる！フランス語の頭出しパターン

9.「〜はいかがですか」/「〜したいですか」

Vous voulez + 名詞 / 動詞の原形 ?
　ヴ　　　ヴレ

◆ 相手に何かを勧めるとき

「〜はいかがですか」と相手に何かを勧めるときのパターン。vous は，本来は 2 人称複数の人称代名詞ですが，ていねいな 2 人称単数として「あなた」としても用いられます。

Vous voulez [= voulez-vous] ~ ?

例文で使い方をマスターしましょう！

☐ コーヒーをお飲みになりますか。

　ヴ　　　ヴレ　　　プランドラン　　　カフェ
Vous voulez prendre un café ?
　　　　　　　　飲む

☐ 一緒に踊っていただけますか。

　ヴ　　　ヴレ　　　ダンセ　　アヴェック　モワ
Vous voulez danser avec moi ?
　　　　　　　踊る　　　私と一緒に

☐ 私たちと一緒に夕食はいかがですか。

　ヴ　　　ヴレ　　　ディネ　　アヴェック　ヌ
Vous voulez dîner avec nous ?
　　　　　　　夕食をとる　私たちと一緒に

☐ ちょっとお待ちいただけますか。

　ヴ　　　ヴレ　　　アタンドゥル　　アナンスタン
Vous voulez attendre un instant ?
　　　　　　　待つ　　　　ちょっと

10.「〜した」/「〜してしまった」

J'ai / Je suis + 過去分詞．
ジェ　　　ジュ　スュイ

◆ 過去の出来事や経験したことを表すとき

現在までにしてしまったことや，過去の出来事を表すとき，この過去時制（複合過去形）を使います。

助動詞は avoir と être の2つです。どちらを使うかは，動詞によって決まっています。

例文で使い方をマスターしましょう！

□ 私は昼食をとりました。

ジェ　プリ　モン　　デジュネ
J'ai pris mon déjeuner.
　　　食べた　私の　　昼食

→ mon（私の）＋ 男性名詞で単数。

□ 私は東京で予約しました。

ジェ　フェ　マ　　レゼルヴァスィヨン　　ア　トキオ
J'ai fait ma réservation à Tokyo.
　　　しました　　予約　　　　　　　東京で

□ エッフェル塔に行きました。

ジェ　ヴィズィテ　ラ　トゥール　エッフェル
J'ai visité la tour Eiffel.
　　　訪れました　　エッフェル塔

□ 私は7時に外出しました。

ジュ　スュイ　ソルティ　ア　セットゥール
Je suis sorti(e) à sept heures.
　　　　　外出しました　　　7時に

→ 助動詞 être を用いる動詞

すぐに話せる！フランス語の頭出しパターン

PART 2

11.「何を〜」/「だれが（を）〜」

Que 〜 ? / Qui 〜 ?
ク　　　　　キ

◆ 具体的にたずねるとき

　que は物について問うとき「何を」の意味で，qui は人について問うとき「だれが」「だれを」の意味で用います。
　qui / que は常に男性単数扱いです。

例文で使い方をマスターしましょう！

● 「だれが〜？」は qui 〜 ? / qui est-ce qui 〜 ?

□ だれが歌っているのですか。
　　キ　　シャントゥ　　　　キ　エ　ス　キ　　シャントゥ
Qui chante ? / Qui est-ce qui chante ?

● 「だれを〜？」は qui 〜 ? / qui est-ce que 〜 ?

□ だれを探しているのですか。
　　キ　　シェルシェ　　　ヴ
Qui cherchez-vous ?
　　キ　エ　ス　ク　　ヴ　　　シェルシェ
Qui est-ce que vous cherchez ?

□ だれを待っているのですか。
　　キ　　アタンデ　　　ヴ
Qui attendez-vous ?
　　　　　　待つ

46

● 「何を〜？」は que ? / qu'est-ce que 〜 ?

□ 何を探しているのですか。

Que cherchez-vous ?
ケ シェルシェ ヴ

Qu'est-ce que vous cherchez ?
ケ ス ク ヴ シェルシェ

● 「何を〜？」は qu'est-ce qui 〜 ? など

□ 何が鳴っているのですか。

Qu'est-ce qui sonne ?
ケ ス キ ソヌ

□ これは何ですか。

Qu'est-ce que c'est ?
ケ ス ク セ

□ きのうは何をしましたか。

Qu'avez-vous fait hier ?
カヴェ ヴ フェ イエール
　　　　　　　した　昨日

□ 何について話しているのですか。

De quoi parlez-vous ?
ドゥ クワ パルレ ヴ

□ どうしたのですか。

Qu'est-ce que vous avez ?
ケ ス ク ヴザヴェ

PART 2 すぐに話せる！フランス語の頭出しパターン

12.「いつ〜？」/「どこ〜？」

Quand 〜 ? / Où 〜 ?
カン　　　　　　　　　　　ウ

◆ 具体的にたずねるとき

　quand は「いつ？」, où は「どこで？」の意味で使われる疑問副詞です。
　疑問副詞のあとは，主語と動詞を倒置する形と，**est-ce que** をつけて倒置をしなくてもよい形が可能です。

例文で使い方をマスターしましょう！

カン **quand ?**	いつ？
ウ **où ?**	どこ？
コマン **comment ?**	どのように？
コンビヤン **combien ?**	いくら？ / どのくらい？
コンビヤン　　ドゥ **combien de 〜 ?**	どれだけの〜？
プルクワ **pourquoi ?**	なぜ？

□ 彼はいつ来るのですか。

カンテ　　　　ス　キル　　ヴィヤンドゥラ
Quand est-ce qu'il viendra ?
　　　　　　　　　　　　　来る

□ いつから彼女はここに住んでいるのですか。

ドゥピュイ　　カン　　　アビットゥテル　　　　イスィ
Depuis quand habite-t-elle ici ?
いつから　　　　　　　　住む　　　　　　　　ここに

□ トイレはどこですか。

ウ　　ソン　　レ　　トワレットゥ
Où sont les toilettes ?
　　　　　　　　　　トイレ

□ おいくらですか。

セ　　　コンビヤン
C'est combien ?

□ ホールには人が何人いますか。

コンビヤン　　　　ドゥ　ペルソンヌ　　　イ　ヤ ティル ダン　ル　オール
Combien de personnes y a-t-il dans le hall ?
どれだけの　　　　　　人　　　　　　　いる　　　　　　　　ホールに

□ この映画をどう思いますか。

コマン　　　　　トゥルヴェ　　　ヴ　　ス　フィルム
Comment trouvez-vous ce film ?
どのように　　　　思う　　　　　　　　この　映画

□ なぜ彼はあんなにも急いでいるのですか。

プルクワ　　　　エティル　スィ　プレセ
Pourquoi est-il si pressé ?
　　　　　　　　　　それほど 急いでいる

49

■色

- □ 白い **blanc**
  ブラン

  blanche
  ブランシュ

- □ 黒い **noir(e)**
  ノワール

- □ 赤い **rouge**
  ルージュ

- □ 黄色い **jaune**
  ジョーヌ

- □ 茶色い **marron**   ＊男, 女の区別はなく不変
  マロン

- □ 青い **bleu(e)**
  ブル

- □ 緑の **vert(e)**
  ヴェール（ヴェルトゥ）

- □ 紫の **violet(te)**
  ヴィオレ（ヴィオレットゥ）

- □ オレンジの **orange**
  オランジュ

- □ ベージュの **beige**
  ベージュ

- □ ピンクの **rose**
  ローズ

- □ 褐色の **brun(e)**
  ブラン（ブリュヌ）

- □ 灰色の **gris(e)**
  グリ（グリーズ）

PART 3

すぐに話せる！
よく使う基本・日常表現

Leçon 1 日常のあいさつ

ショート対話

☐ A: お元気ですか。

Comment allez-vous ?
（コマンタレ ヴ）

☐ B: 元気です。ありがとう。あなたの方は？

Je vais très bien, merci. Et vous ?
（ジュ ヴェ トゥレ ビヤン メルスィ エ ヴ）

☐ A: まあまあです。

Comme ci comme ça.
（コム スィ コム サ）

☐ A: 調子はどう？　（親しい間柄で）

Ça va ? ↗
（サ ヴァ）

☐ B: 元気です。（親しい間柄で）

Ça va.
（サ ヴァ）

関連表現・事項

■敬称のつけ方

◇ **Bonjour, mademoiselle.** （未婚女性に対して）
（ボンジュール マドゥモワゼル）

◇ **Bonjour, madame.** （既婚女性に対して）
（マダム）

◇ **Bonjour, monsieur.** （男性に対して）
（ムスィユー）

すぐに使えるフレーズ

【会ったとき】

□ おはよう。

ボンジュール
Bonjour.

□ こんにちは。

ボンジュール
Bonjour.

□ こんばんは。

ボンソワール
Bonsoir.

> 基本の基本!!

□ A: こんにちは，タクさん。お元気ですか。

ボンジュール　　ムスィユー　　タク
Bonjour Monsieur Taku,

コマンタレ　　　　ヴ
comment allez-vous ?

□ B: ありがとう，元気です。あなたは？

トゥレ　ビヤン　メルスィ　エ　ヴ
Très bien merci, et vous ?

Leçon 2 別れぎわの一言

ショート対話

□ A: また今度。

アラ プロシェンヌ フォワ
À la prochaine fois !
〜に　　次の　　　回

□ B: さようなら。

オ　ルヴォワール
Au revoir.
〜に　再会

□ A: よい週末を！

ボン　ウィーケンドゥ
Bon week-end !

□ B: あなたも！

ア ヴ　オスィ
À vous aussi !

関連表現・事項

■ Bon, Bonne˜ を使った表現

「良い一日を！」	**Bonne journée !**
	ボンヌ　　ジュルネ
「良い週末を！」	**Bon week-end !**
	ボン　　ウィーケンドゥ
「楽しい食事を！」	**Bon appétit !**　←これから食事をする人に
	ボナペティ

すぐに使えるフレーズ

☐ さようなら。

オ　　ルヴォワール
Au revoir.

☐ じゃあね。

サリュ
Salut.

☐ グッドラック！

ボンヌ　　　シャンス
Bonne chance !
よい　　　　運

☐ ではまた。近いうちに。

ア　ビヤント
À bientôt.

☐ また明日。

ア　ドゥマン
À demain.

☐ おやすみなさい。

ボンヌ　　ニュイ
Bonne nuit.

☐ いい夜をお過ごしください。さようなら。

ボンヌ　　スワレ
Bonne soirée.

Leçon 3 感謝する

ショート対話

□ A: ありがとう。

Merci.
(メルスィ)

□ B: どういたしまして。

À votre service. / À ton service.
(ア ヴォトゥル セルヴィス / ア トン セルヴィス)

□ A: ご招待いただきましてありがとうございます。

Merci beaucoup pour l'invitation.
(メルスィ ボク プル ランビタスィヨン)

□ B: どういたしまして。

Je vous en prie.
(ジュ ヴザン プリ)

関連表現・事項

■「〜をありがとう」

Merci pour (メルスィ プール)
- **votre cadeau.**（プレゼントありがとう）
  ヴォトゥル カドー
- **votre lettre**（手紙）
  ヴォトゥル レットゥル
- **votre invitation**（招待）
  ヴォトゥル アンヴィタスィヨン

入れ替えて使えるようにしましょう。

すぐに使えるフレーズ

□ ありがとう。

　　メルスィ
　Merci.

□ どうもありがとうございます。

　　メルスィ　　ボク
　Merci beaucoup.

これだけは!!
さっと言えるようにしておきましょう。

□ どうもご親切に。

　セ　　　トゥレ　　ジャンティ
　C'est très gentil.

【お礼を言われたら】

□ どういたしまして。

　ジュ　ヴザン　　プリ　　　　ドゥ　リヤン
　Je vous en prie. / De rien.

□ 大丈夫ですよ。

　ス　ネ　　　リヤン
　Ce n'est rien.

□ 問題ありません。

　パ　　ドゥ　プロブレム
　Pas de problème.

4 あやまる
Leçon

ショート対話

□ A: ごめんなさい！

Pardon !
（パルドン）

□ B: 大丈夫ですよ。

Ce n'est rien.
（ス　ネ　リヤン）

□ A: 遅れてごめんなさい。

Pardon pour le retard.
（パルドン　プル　ル　ルータル）

□ B: 気にしないでください。

Ne vous en faites pas.
（ヌ　ヴザン　フェットゥ　パ）

関連表現・事項

■軽い謝罪の言葉

「失礼」　**Pardon.**
（パルドン）

英語の Excuse me. に相当します。
道で人にぶつかった時などは必ず声をかけましょう。

すぐに使えるフレーズ

□ すみません。

エクスキュゼ　モワ
Excusez-moi.

□ ごめんなさい。

ジュ スュイ デゾレ
Je suis désolé(e).　（　）内は女性が話し手の場合。

□ たいへん失礼しました。

ジュ　ヴ　プリ　ドゥ　メクスキュゼ
Je vous prie de m'excuser.

□ 恐れ入ります。

ジュ スュイ コンフュ(ズ)
Je suis confus(e).

【謝罪を受けたら】

□ 大丈夫ですよ。

ス　ネ　リヤン
Ce n'est rien.

□ どういたしまして。

ジュ ヴザン プリ
Je vous en prie.

□ どういたしまして。

ドゥ リヤン
De rien.

Leçon 5 はい，いいえ

ショート対話

□ A: ジュースはいかがですか。

Voulez-vous un jus de fruit ?
(ヴレ ヴ アン ジュ ド フリュイ)

□ B: はい，いただきます。

Oui, je veux bien merci.
(ウイ ジュ ヴ ビヤン メルスィ)

□ A: すみませんが，窓を開けていただけますか。

Pourriez-vous ouvrir la fenêtre, s'il vous plaît.
(プリエ ヴ ウヴリル ラ フネトル シル ヴ プレ)

□ B: いいですよ。

Bien sûr.
(ビヤン スュール)

→ ていねいな表現！

関連表現・事項

■ あいづちを打つときに

「なるほど」	**Je vois.** (ジュ ヴォワ)
「そうですか / よし」	**Bon.** (ボン)
「そのとおり」	**Exactement.** (エグザクトゥマン)

すぐに使えるフレーズ

□ はい。　　　　　　　／　はい，ありがとうございます。

ウィ　　　　　　　　　　　　ウィ　　メルスィ
Oui.　　　　　　　　**Oui, merci.**

□ わかりました。

ジュ　コンプラン
Je comprends.

□ いいですよ。

ダコール
D'accord.

□ もちろんです。

ビヤン　　スュール
Bien sûr.

□ はい，よろこんで。

ウィ　　アヴェック プレズィール
Oui, avec plaisir.

□ いいえ。　　　　　　／　いいえ，けっこうです。

ノン　　　　　　　　　　　　ノン　　メルスィ
Non.　　　　　　　　**Non merci.**

□ 違うと思います。

ジュ　ヌ　　パンス　　　パ
Je ne pense pas.　　否定文（動詞を ne と pas ではさみます）

□ できません。

ジュ　ヌ　　プ　　　パ
Je ne peux pas.

Leçon 6 聞き返す

ショート対話

□ A: タクさんはいらっしゃいますか。

エ ス ク　ムスィユー　タク　エ ラ
Est-ce que Monsieur Taku est là ?

□ B: えっ，何ですか。

パルドン
Pardon ?

□ A: ゆっくり繰り返して言ってくれますか。

ヴ　プヴェ　レペテ　ラントゥマン
Vous pouvez répéter lentement ?
　　　　　　　繰り返す　　ゆっくり

□ B: わかりました。

ダコール
D'accord.

関連表現・事項

■ 呼びかけ

「すみませんが」
パルドン
Pardon. (madame / monsieur / mademoiselle を後につけます)

「ちょっとお願いします」
スィル ヴ　プレ
S'il vous plaît.

すぐに使えるフレーズ

□ えっ，なんですか。

パルドン
Pardon ?

□ 本当ですか。

ヴレマン
Vraiment ?

□ もう一度言ってくれますか。

ヴ　　　プヴェ　　　レペテ
Vous pouvez répéter ?
　　　　　　　　　繰り返す

□ もう一回言っていただけますか。

プリエ　　　　ヴ　　　レペテ
Pourriez-vous répéter ?
ていねいな表現

□ もっとゆっくり話してください。

パルレ　　プリュ　ラントゥマン　　スィル　ヴ　　プレ
Parlez plus lentement, s'il vous plaît.
話して　　もっと　　ゆっくり　　　　お願いします

⇒ **Parlez** は **parler**（話す）の肯定命令形。（→ p.29）

Leçon 7 感情を伝える

ショート対話

□ A: 日本チームが勝った。

レキップ　　ドゥ ジャポン　ア ランポルテ　　ル マッチ
L'équipe du Japon a remporté le match.

□ B: やった！

セ　　　ジェニアル
C'est génial!

□ A: 今夜のパーティには行けません。

ジュ ヌ プレ　　　パ ヴニル ア ラ ソワレ　　ス ソワル
Je ne pourrai pas venir à la soirée ce soir.

□ B: それは残念です。

セ　　ドマジュ
C'est dommage.
　　　残念

関連表現・事項

■ c'est を分解すると

◆ **c'est** は **ce** と **est** がひとつづきになったものです。
　c' は指示代名詞 **ce** [ス]（それ / これ / あれ）の変化したもの（エリジヨン）。

◆ **est** は動詞 **être** [エートゥル] の3人称単数形（→p.26）。日本語の「〜です」に相当します。
　ce [ス] は **il, elle, ils, elles** とは違い、男性・女性の区別がありません。

すぐに使えるフレーズ

【喜び，感動】

□ 私は幸せです。

Je suis heureuse.
ジュ スュイ ウールーズ
幸せな

⇒ **Je suis heureux.**（男性形）「ぼくは幸せです」
　　ウールー

> 男性形が eux で終わるとき
> 女性形は euse になる。

□ ぼくはうれしい。

Je suis content.
ジュ スュイ コンタン
うれしい

⇒ **Je suis contente.**（女性形）「私はうれしいです」
　　　コンタントゥ

□ なんという幸せ！

Quel bonheur !
ケル ボヌール
幸福

□ とても気に入りました。

Ça me plaît beaucoup.
サ ム プレ ボクー

□ よかった！

Tant mieux !
タン ミュー

□ すごい！

Génial!
ジェニアル

□ すばらしい！

スュペール
Super !

セ　　　マニフィック
C'est magnifique !

□ とてもいい。

トゥレ　ビヤン
Très bien.

□ 感動的！

セ　　　トレザンプレスィオナン
C'est très impressionnant.

【怒り，悲しみ】

□ 怒っている。

ジュ スュイザン　コレール
Je suis en colère.

□ うんざりだ。

ジャンネ　　アセ
J'en ai assez.

□ 仕方がない。

タン　　ピ
Tant pis.

● Lesson 7　感情を伝える

□ まさか！

セタンポスィーブル
C'est impossible !

□ たいへん！

モン　　　ディユー
Mon Dieu !

【お祝いのことば】

□ おめでとう！

フェリスィタスィヨン
Félicitations !

□ お誕生日おめでとう！

ボナニヴェルセール
Bon anniversaire !

□ 明けましておめでとう！

ボナネ
Bonne année !

□ メリークリスマス！

ジョワィユー　ノエル
Joyeux Noël !

Leçon 8 自己紹介の基本

ショート対話

□ A: 私（の名前）はカワタ アカネです。

ジュ マペル　　　アカネ　　カワタ
Je m'appelle Akane Kawata.

□ B: はじめまして。

アンシャンテ
Enchanté(e).

□ A: お会いできてうれしいです。

ジュ スュイ ウールー（ズ）　　ドゥ フェール ヴォートゥル
Je suis heureux(se) de faire votre

コネッサンス
connaissance.

□ B: こちらこそ。

モワ　オスィ
Moi aussi.

関連表現・事項

■ Je と je

イ レ タン　ク　ジュ ラントゥル
Il est temps que je rentre. （そろそろ失礼します）

je は「私」という代名詞。英語の I にあたりますが，違いは，文頭でなければ小文字で書くということです。基本の人称代名詞（P.25 参照）を覚えましょう。

すぐに使えるフレーズ

□ マリと呼んでください。

アプレ　　　モワ　　マリ
Appelez-moi Mari.

□ よくいらっしゃいました。

ジュ　ヴ　　スエットゥ　　ラ　ビャンヴニュ
Je vous souhaite la bienvenue.

□ こちらは夫のピエールです。

セ　　　ピエール　　モン　　マリ
C'est Pierre, mon mari.
　　　　　　　　　　私の　　夫

□ こちらは妻のマリーです。

セ　　　マリー　　マ　ファム
C'est Marie, ma femme.
　　　　　　　　私の　妻

所有形容詞
(→ P.24)

□ こちらは友人のフィリップです。

セ　　　フィリップ　　モナミ
C'est Philippe, mon ami.
　　　　　　　　　　私の　　友人

□ こちらは鈴木さんです。

セ　　　ムスィユー　　スズキ
C'est Monsieur Suzuki.

それぞれの敬称をつけます。

9 Leçon 友だちづくり〈出会い〉

ショート対話

□ A: 日本の方ですか。

ヴゼットゥ　　　ジャポネ（ーズ）
Vous êtes japonais(e) ?

> このパターンでの japonais は形容詞として扱われるために、小文字のjで書き始めます。

□ B: いいえ，私は日本人ではありません。

ノン　　ジュ　ヌ　スュイ　パ　ジャポネ（ーズ）
Non, je ne suis pas japonais(e).

□ A: どこに行くのですか。

ウ　　アレ　　ヴ
Où allez-vous ?

□ B: カンヌに行きます。

ジュ　ヴェ　ア　カンヌ
Je vais à Cannes.

■ 関連対話

A:「あなたはどなたですか」
キ　エットゥ　ヴ
Qui êtes-vous ?

B:「ぼくは新入生です」
ジュ　スュイ　ヌーボ
Je suis nouveau.

すぐに使えるフレーズ

□ こんにちは。/ おはよう。

ボンジュール　　マドゥモワゼル　　　　　ムスィユー　　　マダム
Bonjour, mademoiselle[monsieur/madame].
　　　　　未婚の女性に　　　　　［男性に　　　/ 既婚の女性に］

□ A: どちらからいらっしゃったのですか。

ドゥ　ヴネ　　ヴ
D'où venez-vous ?

□ B: 私は日本から来ました。

ジュ ヴィヤン　デュ ジャポン
Je viens du Japon.

□ 休暇を取ってきました。

ジュ スュイザン　　ヴァカンス
Je suis en vacances.

□ A: お名前は何ですか。

コマン　　　　ヴザプレ　　　　　ヴ
Comment vous appelez-vous ?

□ B: 私の名前はマキです。

ジュ　マペル　　　　マキ
Je m'appelle Maki.

□ A: おいくつですか。

ケラージュ　　アヴェ　ヴ
Quel âge avez-vous ?

□ B: 私は 27 歳です。

ジェ　ヴァントゥセッタン
J'ai 27 ans.

□ A: ご職業は何ですか。

ケレ　　　　ヴォトゥル　プロフェスィヨン
Quelle est votre profession ?
　　　　　　　　　　　　　　　職業

□ B: ぼくは会社員です。（男性）

ジュ　スュイ　アンプロワイエ　ドゥ　ビュロー
Je suis employé de bureau.
　　　　　　　　男性会社員

⇒ **bureau** の **eau** のつづりの発音は [ォo]。(→ P.12)

□ B: 私は会社員です。（女性）

ジュ　スュイ　アンプロワイエ　ドゥ　ビュロー
Je suis employée de bureau.
　　　　　　　　女性の会社員

□ A: あなたは先生ですか。

ヴゼットゥ　　　プロフェッスール
Vous êtes professeur ?

● Lesson 9 友だちづくり〈出会い〉

□ B: いいえ，会社員です。

ノン　　ジュ　トラヴァイユ　ダンジュンナントゥルプリーズ
Non, je travaille dans une entreprise.

□ 私はエンジニアです。

ジュ　スュイ　アンジェニウール
Je suis ingénieur.
エンジニア

男女同形の名詞

□ 私は公務員です。

ジュ　スュイ　フォンクスィヨネール
Je suis fonctionnaire.
公務員

□ ぼくは学生です。（男性）

ジュ　スュイ　エテュディヤン
Je suis étudiant.
男性の学生

□ 私は学生です。（女性）

ジュ　スュイ　エテュディヤントゥ
Je suis étudiante.
女性の学生

□ ぼくは文学部の学生です。

ジュ スュイ エテュディヤン アン レットゥル
Je suis étudiant en lettres.
文学部の

enのあとには冠詞なしで名詞を続けます。

□ A: 何年生ですか。

ヴゼットゥ アン ケラネ
Vous êtes en quelle année ?

□ B: 1年生です。

ジュ スュイ アン プルミエーラネ
Je suis en première année.
1年生

⇒「3年生」は **en troisième année** ［アン トゥロワズィエーマネ］。

□ 独身です。

ジュ スュイ セリバテール
Je suis célibataire.
独身

□ 家族と一緒に暮らしています。

ジャビットゥ アヴェック マ ファミーユ
J'habite avec ma famille.
家族と一緒に

□ きょうだい（兄弟姉妹）はいますか。

ヴザヴェ デ フレール エ スール
Vous avez des frères et sœurs ?
きょうだい

1つの単語のように扱います。

● Lesson 9 友だちづくり〈出会い〉

■ 自己紹介

(m) は男性名詞，*(f)* は女性名詞

●職業

会社員	**employé(e) de bureau** アンプロワイエ ドゥ ビュロー
学生	**étudiant(e)** エテュディヤン(トゥ)
エンジニア	**ingénieur** *(m)* アンジェニウール
公務員	**fonctionnaire** *(m)* フォンクスィヨネール
教師	**professeur** *(m)* プロフェスール
看護師	**infirmier(ière)** アンフィルミエ(ール)
主婦	**ménagère** *(f)* メナジェール

●国・国民・ことば

日本	**Japon** *(m)* ジャポン
日本人	**Japonais(e)** ジャポネ(ーズ)
日本語	**japonais** *(m)* ジャポネ
フランス	**France** *(f)* フランス
フランス人	**Français(e)** フランセ(ーズ)
フランス語	**français** *(m)* フランセ
イギリス	**Angleterre** *(f)* アングルテール
イギリス人	**Anglais(e)** アングレ(ーズ)
英語	**anglais** *(m)* アングレ
アメリカ	**États-Unis** *(m, pl)* エタズュニ
アメリカ人	**Américain(e)** アメリカン／アメリケンヌ
イタリア	**Italie** *(f)* イタリー
イタリア人	**Italien(ne)** イタリヤン／イタリエンヌ
イタリア語	**italien** *(m)* イタリヤン
スペイン	**Espagne** *(f)* エスパーニュ
スペイン人	**Espagnol(e)** エスパニョル
スペイン語	**espagnol** *(m)* エスパニョル
ドイツ	**Allemagne** *(f)* アルマーニュ
ドイツ人	**Allemand(e)** アルマン(ドゥ)
ドイツ語	**allemand** *(m)* アルマン

PART 3 すぐに話せる！よく使う基本・日常表現

10 Leçon 友だちづくり〈付き合いのきっかけ〉

ショート対話

□ A: お食事でもいかがですか。

Voudriez-vous dîner avec moi ?
（ヴドゥリエ ヴ ディネ アヴェック モワ／夕食）

□ B: はい，喜んで。

Oui, volontiers.
（ウィ ボォロンティエ）

□ A: 明日お会いできますか。

Est-ce que je peux vous voir demain ?
（エ スク ジュ プ ヴ ヴォワール ドゥマン）

□ A: ええ，もちろんです。

Oui, bien sûr.
（ウィ ビヤン シュール）

関連表現・事項

■例文でチェック！

「あなたと一緒に行ってもいいですか」

Je peux venir avec vous ?
（ジュ プ ヴニール アヴェック ヴ／来る 一緒に あなたと）

相手がこれから行こうとしている所に一緒に行く場合は，相手を基準にして **aller**「行く」ではなく，**venir**「来る」を使います。

すぐに使えるフレーズ

☐ あなたとお友だちになりたいのですが。

<ruby>Je<rt>ジュ</rt></ruby> <ruby>voudrais<rt>ヴドゥレ</rt></ruby> <ruby>être<rt>エートゥル</rt></ruby> <ruby>votre ami(e)<rt>ヴォトゥラミ</rt></ruby>.

☐ 住所を教えていただけますか。

<ruby>Vous<rt>ヴ</rt></ruby> <ruby>voulez<rt>ヴレ</rt></ruby> <ruby>me<rt>ム</rt></ruby> <ruby>donner<rt>ドネ</rt></ruby> <ruby>votre adresse<rt>ヴォトラドゥレス</rt></ruby> ?
　　　　　　　私に　　教える　　あなたの　　アドレス

☐ 番号を教えていただけますか。

<ruby>Vous<rt>ヴ</rt></ruby> <ruby>voulez<rt>ヴレ</rt></ruby> <ruby>me<rt>ム</rt></ruby> <ruby>donner<rt>ドネ</rt></ruby> <ruby>votre<rt>ヴォトゥル</rt></ruby> <ruby>numéro<rt>ニュメロ</rt></ruby> ?

☐ ここに書いてください。

<ruby>Écrivez<rt>エクリヴェ</rt></ruby>-<ruby>la<rt>ラ</rt></ruby> <ruby>ici<rt>イスィ</rt></ruby>, <ruby>s'il<rt>スィル</rt></ruby> <ruby>vous<rt>ヴ</rt></ruby> <ruby>plaît<rt>プレ</rt></ruby>.
書いて　　　ここに

☐ メールアドレスを教えていただけますか。

<ruby>Vous<rt>ヴ</rt></ruby> <ruby>voulez<rt>ヴレ</rt></ruby> <ruby>me<rt>ム</rt></ruby> <ruby>donner<rt>ドネ</rt></ruby> <ruby>votre<rt>ヴォトゥル</rt></ruby> <ruby>adresse<rt>アドレス</rt></ruby> <ruby>e-mail<rt>メル</rt></ruby> ?
　　　　　　　　　　　　　　　　　　　　　　　　　eメールアドレス

☐ あなたはとても感じのいい方ですね。

<ruby>Vous êtes<rt>ヴゼットゥ</rt></ruby> <ruby>très<rt>トゥレ</rt></ruby> <ruby>sympa<rt>サンパ</rt></ruby>.

☐ あなたは素敵です。（女性に向かって）

<ruby>Vous êtes<rt>ヴゼットゥ</rt></ruby> <ruby>élégante<rt>エレガントゥ</rt></ruby>.

PART 3　すぐに話せる！よく使う基本・日常表現

11 Leçon フランス（語）について

ショート対話

□ A: きのうは何をしましたか。

カヴェ　　　　ヴ　　　フェ　イエール
Qu'avez-vous fait hier ?

□ B: エッフェル塔に行きました。

ジェ　ヴィズィテ　ラ　トゥール　エッフェル
J'ai visité la tour Eiffel.

⇒ visité → visiter（[場所を]訪れる）の過去分詞。（→ P.45）

□ A: スイスへ行ったことがありますか。

ヴゼットゥ　　デジャ　アレ　　アン　スュイス
Vous êtes déjà allé(e) en Suisse ?

□ B: はい，一度。

ウィ　ユヌ　フォワ
Oui, une fois.

関連表現・事項

■差し替えて使いましょう

カヴェ　　　　ヴ　　　フェ　イエール
Qu'avez-vous fait hier ? （昨日は何をしましたか）
　何を　　　　　　した　　昨日

{ **hier matin** （昨日の朝）
　hier après-midi （昨日の午後）
　hier soir （昨晩）

すぐに使えるフレーズ

☐ フランスには初めて来ました。

C'est la première fois que je viens en France.
<small>セ ラ プルミエール フォア ク ジュ ヴィヤンザン フランス</small>

☐ フランスはとても気に入っています。

J'aime beaucoup la France.
<small>ジューム ボークー ラ フランス</small>

☐ どちらへいらっしゃるのですか。

Où allez-vous ?
<small>ウ アレ ヴ</small>
<small>どこへ 行きますか</small>

☐ ベルサイユ宮殿を訪れたいのですが。

Je voudrais visiter le château de Versailles.
<small>ジュ ヴドゥレ ヴィズィテ ル シャトー ドゥ ヴェルサイユ</small>

⇒「〜を訪れる」は「visiter＋場所」で前置詞は不要です。

☐ 外国に行ったことはありますか。

Vous êtes déjà allé(e) à l'étranger ?
<small>ヴゼットゥ デジャ アレ ア レトランジェ</small>
<small>あなたは 行ったことがありますか 外国に</small>

⇒ allé → aller（行く）の過去分詞。複合過去形（→ p.45）

PART 3 すぐに話せる！よく使う基本・日常表現

□ A: ニースに行ったことがありますか。

　　　ヴゼットゥ　　　デジャ　　アレ　　　　ア　ニス
　Vous êtes déjà allé(e) à Nice ?

⇒ allé → aller（行く）の過去分詞。助動詞は être。

□ B: ありません。

　　シャメ
　Jamais.

□ B: はい，1年前に。

　　ウィ　イ リ ヤ　アンナン
　Oui, il y a un an.

⇒英語の There is(are) ~. にあたる表現です。
　「～」が単数でも複数でも **Il y a** は変化しません。

□ A: 旅行はどうでしたか。

　　コマン　　　　　セ　　　パセ　　　ヴォトゥル　ヴワイヤージュ
　Comment s'est passé votre voyage ?
　　どうでしたか　　　　　　　　　　　　　　　　旅行は

□ B: とてもよかったです。

　　トゥレ　　ビヤン
　Très bien.

● Lesson 11 フランス（語）について

【フランス語】

□ A: フランス語を話しますか。

エ ス ク ヴ パルレ フランセ
Est-ce que vous parlez français ?
　　　　　　　　　　　　　フランス語

□ B: はい，少し。

ウィ アン プ
Oui, un peu.

□ B: いいえ，フランス語を話せません。

ノン ジュヌ パルル パ フランセ
Non, je ne parle pas français.
　　　　　　　　　　　　　　　否定の表現

□ どうつづるのですか。

コマン サ セクリ
Comment ça s'écrit ?

□ どう発音するのですか。

コマン サ ス プロノンス
Comment ça se prononce ?
　　　　　　　　　　　発音する

□ 何について話しているのですか。

ドゥ クワ パルレ ヴ
De quoi parlez-vous ?

⇒ **parler de~**（～について話す）

Leçon 12 趣味

ショート対話

□ A: あなたの趣味は何ですか。

_{ケレ　　　　トン　　オビー}
Quel est ton hobby ?

□ B: ガーデニングです。

_{セ　　ル　ジャルディナージュ}
C'est le jardinage.

□ A: この映画をどう思いますか。

_{コマン　　　　トゥルヴェ　　ヴ　　ス　フィルム}
Comment trouvez-vous ce film ?
_{この　映画}

□ B: この映画はおもしろいと思います

_{ジュ トルヴェ　　ス　フィルム　　アンテレサン}
Je trouve ce film intéressant.

関連表現・事項

■趣味

◇釣り　pêche (f) [ペーシュ]　　◇旅行　voyage (m) [ヴォワイヤージュ]

◇ダンス　danse (f) [ダンス]　　◇サッカー　football (m) [フットボール]

◇アニメ　dessin animé (m) [デサン アニメ]

◇スポーツ　sport (m) [スポール]

◇ガーデニング　jardinage (m) [ジャルディナージュ]

すぐに使えるフレーズ

□ 私は写真を撮るのが好きです。

　　ジェム　　フェル　ドゥ ラ フォト
J'aime faire de la photo.　　よく使われる動詞です。

⇒ **faire**「行う，つくる」は不規則な活用をする動詞です。

□ アニメーションが好きです。

　　ジェム　　レ　デサン　　アニメ
J'aime les dessins animés.

□ A: 何かスポーツはされますか。

　　ケル　　スポール　プラティケ　　ヴ
Quel sport pratiquez-vous ?

□ B: 私はスキーをするのが好きです。

　　ジェム　　フェル　ドュ スキ
J'aime faire du ski.
　　　　　　　　〜をする　　piano（ピアノを弾く）

□ 私の趣味は読書です。

　　ジュ　デュ　グゥ　プゥル　ラ レクテュール
J'ai du goût pour la lecture.
　　　　　　　　　　　　　　　読書
　　「〜に興味を持っています」

□ 釣りが私の楽しみです。

　　マ　デタント　　セ　ラ ペーシュ
Ma détente, c'est la pêche.
　　　　息抜き　　　　　　釣り

13 Leçon 料理する

ショート対話

□ A: 調理方法を教えていただけますか。

ヴ　プヴェ　ム　ドネ　ラ　ルセットゥ
Vous pouvez me donner la recette ?
　　　　　　　　　　　　　　　調理方法

□ B: はい，よろこんで。

ウィ　アヴェック プレズィール
Oui, avec plaisir.

> 目的語が人称代名詞のときは、それを動詞の原形の前に置く。

□ A: すてきな食器ですね。

ヴザヴェ　　アン ジョリ セルヴィス
Vous avez un joli service.

□ B: 気に入ってもらえましたか。

スラ　ヴザティル　　プリュ
Cela vous a-t-il plu ?

関連表現・事項

■ Pouvez-vous を使って

「この料理の作り方を教えていただけますか」

プヴェ　ヴ　ム　ドネ　　ラルセットゥ ドゥ ス プラ
Pouvez-vous me donner la recette de ce plat ?
　　　　　　　　教えて　　この料理の作り方を

(→ p.28)

すぐに使えるフレーズ

☐ このおいしい料理はどのように作るのですか。

ケレ　　　　ラ　ルセットゥ　　ドゥ　ス　プラ　　デリスィユー
Quelle est la recette de ce plat délicieux ?
　　　　　　　　調理方法　　　　　　この　料理　　おいしい

☐ これはどんな味ですか。

ケル　　　グー　　　スラ　ア　ティル
Quel goût cela a-t-il ?
どんな味ですか　　　これは

☐ これはどこの国の料理ですか。

ドゥ　ケル　　ペイ　　ヴィヤン　ス　プラ
De quel pays vient ce plat ?
　どこの国　　　　　　　　　　　料理

☐ これはだれが作ったのですか。

キ　ア　キュイズィネ
Qui a cuisiné ?

☐ 私は料理ができません。

ジュ　ヌ　セ　　パ　　フェール　ラ　キュイズィーヌ
Je ne sais pas faire la cuisiné.

□ ケーキをオーブンに入れてね。

メテ　　ル　ガトー　　ダン　ル　フール
Mettez le gâteau dans le four.
　　　　ケーキ　　　　　　　オーブン

□ 味つけをしなければ。

イル　フォ　ラセゾネ
Il faut l'assaisonner.
〜しなければ　味つけをする

「〜しなければならない」のパターン

□ 薄めなければ。

イル　フォ　ラロンジェ
Il faut l'allonger.
　　　　　　薄める

□ 食事ですよ。

ア　ターブル　トゥー　ル　モンド
À table, tout le monde !
　　食卓

⇒「みんな食卓についてください」という意味。

□ おいしそう！

サ　ア　レール　トゥレ　ボン
Ça a l'air très bon.

● Lesson 13　料理する

□ どうぞ召し上がってください。

ボナペティ
Bon appétit !

□ とてもおいしい。

セ　　トゥレ　ボン
C'est très bon.
　　　　とても　おいしい

□ 満足です。

ジュ　スュイ トゥレ　コンタン（トゥ）
Je suis très content(e).

□ お腹いっぱいです。

ジュ　スュイ　ラサズィエ
Je suis rassasié(e).
　　　　　お腹いっぱい

□ お皿をかたづけるのを手伝ってくれませんか。

ヴェー　　テュ メデ　　ア ランジェ　　ラ ヴェセル
Veux-tu m'aider à ranger la vaisselle ?
手伝ってくれますか　　　　　　お皿をかたづける

PART 3　すぐに話せる！よく使う基本・日常表現

87

Leçon 14 日本について語る

基本の表現！

□ 日本は島国です。

ル　ジャポン　エ　タン　ペイ　アンスュレール
Le Japon est un pays insulaire.

□ 4つの大きな島からなっている。

イル エ　コンスティテュ　ドゥ キャットゥル グランドゥジール
Il est constitué de quatre grandes îles.
　　　　　　　　　　　　　　　　　　　　　　　島

□ 総人口は約1億2千万です。

ラ　ポピュラシィヨン　エ　ダ　プ　プレ　サン
La population est d'à peu près cent

ヴァン　ミリヨン　ダビタン
vingt million d'habitants.

関連表現・事項

■ **Il y a ~.**（～があります）

英語の There is(are) ~. にあたる表現です。「～」が単数でも複数でも **Il y a** は変化しません。

イ リヤ ボークー　　　ドゥ スタスィヨン テルマル
Il y a beaucoup de stations thermales.（温泉が多い）
　　　　多い　　　　　　　湯治場

すぐに使えるフレーズ

□ 日本の首都は東京です。

ラ　キャピタル　デュ　ジャポン　エ　トキオ
La capitale du Japon est Tokyo.
　日本の首都

□ 日本には４つの季節があります。

イ　リ ヤ　キャットゥル　セゾン　オ　ジャポン
Il y a quatre saisons au Japon.
　　　　４つの季節

● 春　printemps［プランタン］　　● 秋　automne［オトヌ］
● 夏　été［エテ］　　　　　　　　● 冬　hiver［イヴェール］

□ 春には桜が咲きます。

オ　　プランタン　　レ　スリズィエ　ソンタン　フルール
Au printemps, les cerisiers sont en fleurs.
春には　　　　　　　桜が咲きます

□ 夏はとても蒸し暑いです。

レテ　エ　ユミッドゥ　エ　トゥレ　ショー
L'été est humide et très chaud.
夏は　　　　湿った　　　　とても　暑い

□ 冬には雪が降ります。

アン　ニヴェール　イル　ネージュ
En hiver, il neige.
冬には

□ 相撲は日本の国技です。

ル　スモー　エッタン　スポール　ナスィオナル　オ　ジャポン
Le "Sumo" est un sport national au Japon.
　　　　　　　　国技　　　　　　　　　　日本の

PART 3

すぐに話せる！よく使う基本・日常表現

Leçon 15　パーティ

ショート対話

□ A: 来週の日曜日にパーティを開きます。来ていただけますか。

Nous faisons une soirée dimanche prochain.
ヌ　フゾン　　ユンヌ　ソワレ　ディマンシュ　プロッシャン

Voulez-vous venir ?
ヴレ　ヴ　ヴニール

□ B: ええ，もちろん！

Bien sûr !
ビヤン　スュール

□ C: ごめんなさい。その日は都合が悪いんです。

Je suis désolé mais je ne suis pas libre ce jour-là.
ジュ スュイ デゾレ　メ　ジュ ヌ スュイ パ　リーブル ス　ジュール ラ

関連表現・事項

■ 文の一部を強調するとき

「こちらは私がすすめるワインです」

C'est ce vin que je vous recommande.
セ　セ　ヴァン　ク　ジュ ヴ―　ルコマンドゥ
　　　　ワイン　　　　　　　　すすめる

⇒ **C'est ~ que ...** の形で〈~〉を強調します。この文では，**le vin** です。

すぐに使えるフレーズ

☐ 誘ってくれてありがとう。

メルスィ　ドゥ　マヴォワール　アンヴィテ
Merci de m'avoir invité.

☐ 喜んでうかがいます。

ジュ ヴドゥレ　　ビヤン　イ　アレ
Je voudrais bien y aller.

☐ また次の機会に誘ってください。

ジュ ヴィヤンドゥレ ラ プロシェーヌ　　フォワ
Je viendrai la prochaine fois.

☐ 少し遅れます。

ジュ スレ　　アン プ　　アン ルタール
Je serai un peu en retard.
　　　　　　　　少し遅れます

☐ 何か持っていきましょうか。

ヴ　　　ヴレ　　　　ク　　　ジャポルトゥ　　　ケルク　　　　ショーズ
Vous voulez que j'apporte quelque chose ?
　　　　　　　　　　　　持って行く　　　　何か

☐ 私と一緒に踊っていただけますか。

ヴ　　　ヴレ　　　　ダンセ　　　アヴェック モワ
Vous voulez danser avec moi ?
　　　　　　　　踊る　　　　私と一緒に

16 Leçon 招待する［される］

ショート対話

□ A: 私たちと一緒に夕食をしませんか。

ヴ　　ヴレ　　　ディネ　　アヴェック ヌ
Vous voulez dîner avec nous ?
〜はいかがですか

□ B: はい，喜んで。

ウイ　　アヴェック　プレズィール
Oui, avec plaisir.

□ A: はじめまして。

アンシャンテ
Enchanté.

□ B: お招きありがとうございます。

メルスィ　　ドゥ マヴォワール　アンヴィテ
Merci de m'avoir invité.

■「乾杯」の表現

「乾杯！」
　　　　　サンテ
　　　Santé !

「健康と友情を祝して乾杯！」

ア　ヴォトゥル　サンテ　　エタ　ノートゥル　アミチエ
À votre santé et à notre amitié !

関連表現・事項

すぐに使えるフレーズ

□ A: どうぞこちらへ。

パセ　　　パーリスィ　スィル　ヴ　　プレ
Passez par ici, s'il vous plaît.
通ってください

□ A: おかけください。

アッセイエ　ヴ　　　マドゥモワゼル
Asseyez-vous mademoiselle.
未婚の女性に

「男性に」monsieur
「既婚女性に」madame

□ B: はい，ありがとう。

ウイ　　メルスィ
Oui, Merci.

□ すてきな家具ですね。

ヴザヴェ　　　　ドゥ　トゥレ　ボー　　　　ムーブル
Vous avez de très beaux meubles.

□ とても広い家ですね。

ヴォトル　　メゾン　　エ　トゥレ　グランドゥ
Votre maison est très grande.
　　　　　家　　　　　　とても広い

□ 珍しいものですね。

サ　　セ　　　ラール
Ça, c'est rare.
　　　　　　　珍しい

□ 見せてもらえますか。

ジュ プ　　ヴォワール
Je peux voir ?

PART 3　すぐに話せる！よく使う基本・日常表現

- 皆さん来てくれてどうもありがとう。

Merci à tous d'être venus.
メルスィ ア トゥス デートゥル ヴニュ

- ご自分で好きなものを取ってください。

Servez-vous de ce qui vous plaît.
セルヴェ ヴ ド ス キ ヴ プレ
取ってください / ご自分で好きなものを

- A: トイレはどこですか。

Où sont les toilettes, s'il vous plaît ?
ウ ソン レ トアレト シル ヴ プレ

- B: あそこです。すぐ脇にあります。

Là-bas. Juste à côté.
ラバ ジュスタ コテ

- そろそろ失礼します。

Il est temps que je rentre.
イレ タン ク ジュ ラントゥル
時間です

- とても楽しかったです。

C'était une merveilleuse soirée.
セテ テュンヌ メルヴェイユーズ ソワレ

- ご招待ありがとうございました。

Je vous remercie de m'avoir invité.
ジュ ヴ ルメルスィ ドゥ マヴォワール アンヴィテ
感謝の気持ちを / 持っている

● Lesson 16 招待する [される]

■ 家族

□ 両親	**parents** パラン	□ 甥（おい）	**neveu** ヌヴ	
		□ 姪（めい）	**nièce** ニエス	
□ 夫	**mari** マリ			
□ 妻	**femme** ファム	□ いとこ	**cousin** *(m)* クザン	
		□ いとこ	**cousine** *(f)* クズィヌ	
□ 父	**père** ペール			
□ 母	**mère** メール	□ 祖父	**grand-père** グラン　ペール	
		□ 祖母	**grand-mère** グラン　メール	
□ 息子	**fils** フィス			
□ 娘	**fille** フィーユ	□ 孫	**petit-fils** *(m)* プティ　フィス	
		□ 孫	**petite-fille** *(f)* プティトゥ　フィーユ	
□ 兄弟	**frère** フレール			
□ 姉妹	**sœur** スール			
□ おじ	**oncle** オンクル			
□ おば	**tante** タントゥ			

PART 3　すぐに話せる！よく使う基本・日常表現

17 Leçon プレゼント

ショート対話

□ A: これはあなたへのプレゼントです。

セタン　カドー　プール　ヴ
C'est un cadeau pour vous.

「〜のための」

□ B: ありがとう。

メルスィ
Merci.

「お土産」と訳してもOK

□ B: とても気に入りました。

ジャドール
J'adore !

□ B: 気に入ってもらってうれしいです。

ジュ　スュイ　コンタントゥ　ク　サ　ヴゼ　プリュ
Je suis contente que ça vous ait plu.
うれしいです　　　　　　　　気に入ってもらって

■関連対話

A: 誕生日に何が欲しい？

ケ　スク　テュ ヴ　プール　トンナニヴェルセル
Qu'est-ce que tu veux pour ton anniversaire ?

B: 香水がほしいわ。

ジュ ヴドレ　アン　パルファン
Je voudrais un parfum.

すぐに使えるフレーズ

☐ A: これ，プレゼントです。

Voici un petit cadeau pour vous.

☐ B: 私にですか。ありがとう。

Pour moi ?　Merci beaucoup.

☐ 日本からのあなたへのお土産です。

Voici un souvenir du Japon pour vous.

☐ 日本から持ってきました。

Je l'ai apporté du Japon.

☐ お誕生日おめでとう。

Bon anniversaire !

☐ これどうぞ。

C'est pour vous.

☐ みんなからのプレゼントです。

Voici un cadeau de la part de nous tous.

18 Leçon 天気

ショート対話

□ A: 今日は雨が降りそうね。

イル ヴァ プルヴォワール オジュルデュイ
Il va pleuvoir aujourd'hui.

□ B: 傘を持っていったほうがいいよ。

イル ヴォ ミュー プランドゥル アン パラプリュイ
Il vaut mieux prendre un parapluie.

□ A: 今日はよい天気ですよ。

イル フェ ボー オジュルデュイ
Il fait beau aujourd'hui.

□ B: 暑くなりそうだね。

イル ヴァ フェル ショ
Il va faire chaud.

関連表現・事項

■ Il fait 〜 . を使った天気の表現

天気は faire「つくる」という動詞（三人称・単数・現在）を使って表現します。

イル フェ フルワ
◇ **Il fait froid.**（寒いです）

イル フェ モーヴェ
◇ **Il fait mauvais.**（悪い天気です）

すぐに使えるフレーズ

☐ 晴れています。

イル フェ ボー
Il fait beau.

☐ 曇っています。

イル フェ ニュアジュー
Il fait nuageux.

☐ ちょっと曇っている。

イル フェ アン プ ニュアジュ
Il fait un peu nuageux.

☐ 風が強いです。

イル フェ デュ ヴァン
Il fait du vent.

☐ 雨が降っています。

イル プルー
Il pleut.

☐ 雪が降っています。

イル ネージュ
Il neige.

☐ 暖かいです。

イル フェ ドゥー
Il fait doux.

☐ 涼しいです。

イル フェ フレ
Il fait frais.

☐ とても寒いです。

イル フェ トゥレ フロア
Il fait très froid.

☐ じめじめしている。

イル フェ ユミッドゥ
Il fait humide.

☐ 今日天気はよくなさそうだ。

イル ヌ ヴァ パ フェル ボー オジュルデュイ
Il ne va pas faire beau aujourd'hui.

PART 4
すぐに話せる！
フランス旅行重要フレーズ

Leçon 19 機内・空港で

ショート対話

□ A: ジュースはいかがですか。
Voulez-vous un jus de fruit ?
（ヴレ ヴ アン ジュ ドゥ フリュイ）

□ B: はい，いただきます。
Oui, je veux bien, merci.
（ウイ ジュ ヴ ビヤン メルスィ）

□ A: 何をお飲みになりますか。
Que désirez-vous boire ?
（ク デズィレ ヴ ボワール）

□ B: オレンジジュースをください。
Un jus d'orange, s'il vous plaît.
（アン ジュ ドランジュ スィル ヴ プレ）

関連表現・事項

■ 関連単語

◇ 搭乗する　　**embarquer**（アンバルケ）
◇ 搭乗　　　　**embarquement** (m)（アンバルクマン）
◇ 搭乗券　　　**carte d'embarquement** (f)（カルトゥ ダンバルクマン）
◇ 離陸する　　**décoller**（デコレ）
◇ 着陸する　　**atterrir**（アテリール）
◇ 入国カード　**carte de débarquement** (f)（カルトゥ ドゥ デバルクマン）

すぐに使えるフレーズ

☐ A: 私の席はどこですか。

ウ　エ　マ　　プラス
Où est ma place ?
どこですか　私の　席

☐ B: 30 の D です。

ヴォートゥル スィエージュ エ ル トゥラントゥ デ
Votre siège est le 30-D.
　　　　　　座席

☐ すみません，ちょっと通してください。

エクスキュゼ　モワ　　ジュ ヴドゥレ　　パッセ
Excusez-moi, je voudrais passer.
すみません　　　　　　　　　　　　　通る

☐ あの席へ移ってもいいですか。

ジュ プ　　シャンジェ　　プール　セットゥ　プラス
Je peux changer pour cette place ?
　　　　　変わる

☐ シートを倒してもいいですか。

ジュ プ　　アンクリネ　　モン　　スィエージュ
Je peux incliner mon siège ?
　　　　　　倒す

☐ 日本語の新聞［雑誌］はありますか。

イ ヤ ティル デ　ジュルノー　　　マガズィーヌ
Y a-t-il des journaux [magazines]
ありますか　　　新聞　　　　　雑誌

ジャポネ
japonais ?

PART 4

すぐに話せる！フランス旅行重要フレーズ

□ 気分が悪いのですが。

ジュ ヌ ム サン パ ビヤン
Je ne me sens pas bien.
気分がよくない

否定の表現ですね

□ 毛布［枕］がほしいのですが。

ジュ ヴドゥレ ユヌ クーヴェルテュール アンノレイエ
Je voudrais une couverture [un oreiller].
　　　　　　　　　毛布　　　　　　　　枕

□ A: 牛肉と鶏肉のどちらになさいますか。

デジレ ヴ デュ ブフ ウ デュ プレ
Désirez-vous du bœuf ou du poulet ?
　　　　　　　牛肉　　と　　鶏肉

□ B: 牛肉［鶏肉］ををください。

デュ ブフ デュ プレ スィル ヴ プレ
Du bœuf [Du poulet], s'il vous plaît.
牛肉　　（鶏肉）

□ A: 予定通りに到着しますか。

エ ス ク ス ヴォル エタ ルール
Est-ce que ce vol est à l'heure ?

□ B: 1時間遅れになります。

イレ ルタルデ デュヌール
Il est retardé d'une heure.

● Lesson19　機内・空港で

【空港で】

□ 手荷物カウンターはどこですか。

ウ　エ　ラ　リヴレゾン　デ　バガージュ
Où est la livraison des bagages ?
　　　　　　　手荷物カウンター

□ A: 私の荷物が見当たりません。

ジュ　ヌ　トゥルヴ　パ　メ　バガージュ
Je ne trouve pas mes bagages.
　　　見当たらない　　　　荷物

□ B: どんなカバンですか。

プリエ　ヴ　デクリール　ヴォートゥル　サック
Pourriez-vous décrire votre sac ?
└ ていねいな表現　　　　　　　　　　カバン

□ A: 青色のスーツケースで名札が付いています。

セチュヌ　ヴァリーズ　ブルー　アヴェキュヌ　エティケット
C'est une valise bleue avec une étiquette
　　　　青色のスーツケースで　　　　　　名札が付いて

アヴェック　モン　ノン
avec mon nom.

□ 日本航空のカウンターはどこですか。

ウ　エ　ル　コントワール　ドゥ　ラ　ジャル
Où est le comptoir de la JAL ?
　　　　　カウンター　　　　JAL の

□ これは機内に持ち込めますか。

ジュ　プー　アポルテ　サ　ダン　ラヴィヨン
Je peux apporter ça dans l'avion ?
　　　　　持ち込む　　これ　飛行機の中に

PART 4

すぐに話せる！フランス旅行重要フレーズ

105

Leçon 20 入国審査・税関

ショート対話

□ A: 旅行の目的は？

<ruby>Quel<rt>ケレ</rt></ruby> <ruby>est<rt></rt></ruby> <ruby>le<rt>ル</rt></ruby> <ruby>but<rt>ビュトゥ</rt></ruby> <ruby>de<rt>ドゥ</rt></ruby> <ruby>votre<rt>ヴォトゥル</rt></ruby> <ruby>voyage<rt>ヴォワイヤージュ</rt></ruby> ?

Quel est le but de votre voyage ?
何ですか　　目的　　　　あなたの　旅行

□ B: 観光です。

ル　トゥーリスム
Le tourisme.

□ B: 商用です。

レザフェール
Les affaires.

□ A: 滞在は何日ですか。

コンビヤン　ドゥ タン　セジュールネ　ヴ
Combien de temps séjournez-vous ?
何日ですか

□ B: 5日間です。

サン　ジュール
Cinq jours. ← 数字をかえて言えるように！

■関連対話

A:「パスポートを見せてください」
ヴォートゥル　パスポール　スィル ヴ　プレ
Votre passeport, s'il vous plaît.

B:「はい, ここに」
ヴワラ　ムスィユー　　マドゥモワゼル　　マダム
Voilà, monsieur [mademoiselle/madame].

関連表現・事項

すぐに使えるフレーズ

☐ A: どこに滞在しますか。

Où logez-vous ?
ウ ロジェ ヴ

☐ B: プラザホテルです。

À l'hôtel Plaza.
ア ロテル プラザ

【税関】

☐ A: 申告するものはありますか。

Vous avez quelque chose à déclarer ?
ヴザヴェ ケルク ショーズ ア デクラレ
　　　　　　　　　　　　　　　　申告すべき

☐ B: 何もありません。

Non, rien.
ノン リヤン

☐ A: スーツケースを開けてください。

Veuillez ouvrir votre valise.
ヴェイエ ウヴリール ヴォートゥル ヴァリーズ

☐ A: これは何ですか。

Qu'est-ce que c'est ?
ケ ス ク セ

☐ B: これは自分用です。

C'est pour moi.
セ プール モワ
　　～ための　私

PART 4 すぐに話せる！フランス旅行重要フレーズ

107

■ 機内・税関・空港 *(m)* は男性名詞，*(f)* は女性名詞

●機内

飛行機 **avion** *(m)*
アヴィヨン

航空券 **billet (d'avion)** *(m)*
ビエ　　ダヴィヨン

乗客（男性） **passager** *(m)*
パサジェ

乗客（女性） **passagère** *(f)*
パサジェール

機長 **commandant de bord** *(m)*
コマンダン　　ドゥ　ボール

客室乗務員（男性） **steward** *(m)*
スティワルトゥ

客室乗務員（女性） **hôtesse de l'air** *(f)*
オテス　　ドゥ　レール

座席 **place** *(f)*
プラス

シートベルト **ceinture (de sécurité)** *(f)*
サンテュール　ドゥ　セキュリテ

イヤホーン **écouteur** *(m,pl)*
エクトゥール

毛布 **couverture** *(f)*
クーヴェルテュール

枕 **oreiller** *(m)*
オレイエ

新聞 **journal** *(m)*
ジュルナル

雑誌 **magazine** *(m)*
マガズィーヌ

時差 **décalage horaire** *(m)*
デカラージュ　　オレール

トイレ **toilettes** *(f,pl)*
トワレットゥ

●税関・空港

空港 **aéroport** *(m)*
アエロポール

ゲート **porte** *(f)*
ポルト

カウンター **comptoir** *(m)*
コントゥワール

到着フロア **niveau arrivée** *(m)*
ニヴォ　　アリヴェ

手荷物引換証 **ticket de bagages** *(m)*
ティケ　ドゥ　バガージュ

税関 **douane** *(f)*
ドゥアーヌ

旅券審査 **contrôle des passeports** *(m)*
コントゥロール　デ　パスポール

■ 移動する

(m) は男性名詞，*(f)* は女性名詞

●地下鉄

（地下鉄，バスの）切符	**ticket** *(m)*	ティケ
地下鉄	**métro** *(m)*	メトゥロ
地下鉄の駅	**station (de métro)** *(f)*	スタスィヨン ドゥ メトゥロ
地下鉄路線図	**plan de métro** *(m)*	プラン ドゥ メトゥロ
回数券	**carnet** *(m)*	カルネ
乗り換え	**correspondance** *(f)*	コレスポンダンス
乗り換える	**changer**	シャンジェ
プラットホーム	**quai** *(m)*	ケ
車両	**voiture** *(f)*	ヴォワテュール

●列車・鉄道

切符売り場	**guichet** *(m)*	ギシェ
列車，鉄道	**train** *(m)*	トゥラン
鉄道の駅	**gare** *(f)*	ガール
（鉄道の）切符	**billet** *(m)*	ビエ
時刻表	**horaire** *(m)*	オレール
番線	**voie** *(f)*	ヴォワ
入口	**entrée** *(f)*	アントゥレ
出口	**sortie** *(f)*	ソルティ

●バス

バス停	**arrêt d'autobus** *(m)*	アレ ドトビュス
市内バス	**autobus** *(m)*	オトビュス
移動する	**se déplacer**	ス デプラセ
乗る	**prendre**	プランドゥル
降りる	**descendre**	デサンドゥル

PART 4 すぐに話せる！フランス旅行重要フレーズ

Leçon 21 移動する〈タクシー〉

ショート対話

□ A: 乗れますか。(運転手さんに)

ジュ プー モンテ
Je peux monter ?

□ B: どちらまで？

ジュスク アレ ヴ
Jusqu'où allez-vous ?

□ A: ノートルダム大聖堂へお願いします。

ア ノートゥル ダーム スィル ヴ プレ
À Notre-Dame, s'il vous plaît.

関連表現・事項

■関連単語

◇ タクシー　　**taxi** (m)　タクスィ
◇ タクシー乗り場　　**station de taxis** (f)　スタスィヨン ドゥ タクスィ
◇ 運転手　　**chauffeur** (m)　ショフール
◇ 空車　　**libre**　リーブル
◇ 住所　　**adresse** (f)　アドゥレス
◇ 料金　　**tarif** (m)　タリフ
◇ お金を払う　　**payer**　ペイエ
◇ おつり　　**monnaie** (f)　モネ

すぐに使えるフレーズ

☐ タクシー乗り場はどこですか。

ウ エ ラ スタスィヨン ドゥ タクスィ
Où est la station de taxis ?
　　　　　　　　タクシー乗り場

☐ この住所へ行ってください。

ア セッタドゥレス　　　スィル ヴ プレ
À cette adresse, s'il vous plaît.
　この住所へ

☐ 急いでいます。

ジュ スュイ プレセ
Je suis pressé(e).
　　　急いでいる

☐ ここで停めてください。

アレテ ヴ　　イスィ スィル ヴ プレ
Arrêtez-vous ici, s'il vous plaît.
　停めてください　　ここで

☐ A: いくらになりますか。

サ フェ コンビヤン
Ça fait combien ?
それは　〜になる

☐ B: 20 ユーロ です。

ヴァントゥロ
20 euros.

☐ ありがとう。おつりはとっておいてください。

メルスィ ガルデ ラ モネ
Merci. Gardez la monnaie.
　　　　とっておいて　　小銭

Leçon 22 移動する〈地下鉄・電車・バス〉

ショート対話

□ A: 市内に行くバスはありますか。

イ ヤ ティル アン ビュス キ ヴァ アン ヴィル ドゥピュイ
Y a-t-il un bus qui va en ville depuis
ラエロポール
l'aéroport ?

□ B: 5番のバスに乗ってください。

ヴェイエ プランドゥル ル ビュス ニュメロ サンク
Veuillez prendre le bus numéro 5.

□ A: 何分おきに出ていますか。

イル パール トゥットゥ レ コンビヤン ドゥ ミニュットゥ
Il part toutes les combien de minutes ?
　　　出ていますか　　何分おきに

□ B: 15分おきです。

トゥットゥ レ カンズ ミニュットゥ
Toutes les 15 minutes.

関連表現・事項

■パリの地下鉄の駅名

詩人や小説家，科学者，政治家などの名がつけられている例。

◇ **Victor Hugo**（ヴィクトル・ユゴー）

◇ **Pierre Curie**（ピエール・キュリー）

◇ **Charles de Gaulle**（シャルル・ド・ゴール）

すぐに使えるフレーズ

□ 切符売り場はどこですか。

ウ エ ル ギシェ
Où est le guichet ?
　　　　　　切符売り場

□ 時刻表はありますか。

ヴザヴェ　　　デゾレール　　　　　ドゥ トゥラン
Vous avez des horaires de train ?
　　　　　　時刻表　　　　　　列車の

□ いちばん近い地下鉄駅はどこですか。

ウ エ ラ スタスィヨン ドゥ メトゥロ ラ プリュ プロッシュ
Où est la station de métro la plus proche ?
どこですか　地下鉄駅　　　　　　　　いちばん近い

「鉄道の駅」は la gare
　　　　　　　　　　ガール

□ 地下鉄のシャルル・ド・ゴール駅はどこですか。

ウ エ ル メトゥロ シャルル ドゥ ゴール
Où est le métro Charles de Gaulle ?

□ 地下鉄の切符はどこで買えますか。

ウ エス コン プー アシュテ デ ティケ
Où est-ce qu'on peut acheter des tickets
どこで　〜ですか　　　　買うことができる　　　切符

ドゥ メトゥロ
de métro ?
地下鉄の

métropolitain（首都の）
ですから、métroには「地下」と
いう意味はありません。

□ 地下鉄の路線図をください。

アン　プラン　デュ　メトゥロ　スィル　ヴ　プレ
Un plan du métro, s'il vous plaît.
　　　地図

⇒ un は男性名詞単数形の前につく不定冠詞。
　 de は「〜の」の意味の前置詞。
　 de + **le** = **du**

□ 回数券はいくらですか。

コンビヤン　クートゥ　ル　カルネ　ドゥ　ティケ
Combien coûte le carnet de tickets ?
　　　　　　　　　　　　回数券

□ 回数券をひとつください。

アン　カルネ　スィル　ヴ　プレ
Un carnet, s'il vous plaît.

□ 乗り換える必要はありますか。

イル フォ　シャンジェ　ドゥ　トゥラン
Il faut changer de train ?
必要がある　乗り換える　　　列車

□ どこで乗り換えればいいですか。

ウ　フォティル　シャンジェ
Où faut-il changer ?
　　〜すべき

● Lesson 22 移動する〈地下鉄・電車・バス〉

【電車】

□ 電車は何時発ですか。

Le train part à quelle heure ?
ル トゥラン パール ア ケルール
列車は 出発する 何時に

□ どの電車ですか。

C'est quel train ?
セ ケル トゥラン

□ リヨンまでいくらですか。

Combien est-ce que ça coûte pour aller à Lyon ?
コンビヤン エ ス ク サ クートゥ プーラレ ア リヨン

□ 禁煙席を1枚お願いします。

Une place non-fumeurs, s'il vous plaît.
ユヌ プラス ノン フュムール スィル ヴ プレ
1 席 禁煙の

⇒ **une** は女性名詞単数形の前につく不定冠詞。(→ P.20)

□ 喫煙席を1枚お願いします。

Une place fumeurs, s'il vous plaît.
ユヌ プラス フュムール スィル ヴ プレ
1 席 喫煙の

◇ 特急　**rapide** (m)　◇ 急行　**express** (m)
　　　　ラピドゥ　　　　　　　　エクスプレス

◇ 普通　**omnibus** (m)
　　　　オムニビュス

PART 4 すぐに話せる！フランス旅行重要フレーズ

115

□ ローマまで切符2枚ください。

Deux billets pour Rome, s'il vous plaît.
ドゥ　ビィエ　プール　ローム　スィル　ヴ　プレ
2　　切符　　ローマ行きの

⇒ 鉄道・飛行機・芝居などの切符は **billet** [ビエ]，地下鉄・バスなどの券は **ticket** [ティケ]

□ 次の電車は何時になりますか。

À quelle heure part le train suivant ?
ア　ケルール　　　パール　ル　トゥラン　スュイヴァン
　　　　　　　　　出発する　　　　　　次の

□ この電車はニースに停まりますか。

Est-ce que ce train s'arrête à Nice ?
エ　ス　ク　ス　トゥラン　サレトゥ　ア　ニース
　　　　　　　この　列車　　停まる　　ニースに

□ この席は空いていますか。

Cette place est libre ?
セットゥ　プラス　エ　リーブル
この席　　　　　　　空いている

□ ここは何という駅ですか。

Quelle est cette gare ?
ケレ　　　　セットゥ　ガール
　　　　　　この　　　駅

□ 降りますか。

Vous descendez ?
ヴ　デサンデ

● Lesson 22 移動する〈地下鉄・電車・バス〉

【バス】

□ バスの路線図がほしいのですが。

ジュ ヴドゥレ　　　アン　プラン　デ　リーニュ　ドトビュス
Je voudrais un plan des lignes d'autobus.
〜がほしいのですが　　　路線図　　　　　　　　バスの

□ どのくらいの間隔でバスが出ていますか。

ル　ビュス　パール　トゥ　レ　コンビヤン
Le bus part tous les **combien** ?

□ シャンゼリゼ行きはどのバスですか。

ケレ　　　　ル　ビュス　プール　レ　シャンゼリゼ
Quel est le bus pour les Champs-Elysées ?

□ このバスはリヨン駅に行きますか。

セトトビュス　　　　ヴァ ティル ア ラ ガール ドゥ リヨン
Cet autobus va-t-il à la gare de Lyon ?
　この　　　バスは　　　行きますか　　　リヨン駅に

□ すみません，降ります。

エクスキュゼ　モワ　　ジュ デサン
Excusez-moi, je descends.
　　　　　　　　　　　　降ります

23 Leçon ホテル〈チェックイン〉

ショート対話

□ チェックインしたいのですが。

ジュ ドワ ランプリール ユヌ フィッシュ
Je dois remplir une fiche ?
　　　　　記入する　　　　カード

□ スズキの名前で予約しました。

ジェ レゼルヴェ ユヌ シャンブル オ ノン ドゥ スズキ
J'ai réservé une chambre au nom de Suzuki.

⇒ **réservé** → **reserver**（予約する）の過去分詞。（→ P.45）

□ A: お名前をどうぞ。

ピュイ ジュ アヴォワール ヴォートゥル ノン
Puis-je avoir　votre nom ?

□ B: ナカイ タクヤです。

タクヤ　　ナカイ
Takuya Nakai.

関連表現・事項

■形容詞の原則を再チェック！

「静かな部屋がいいのですが」

ジュ ヴドゥレ ユヌ シャンブル カルム
Je voudrais une chambre calme.
　　　　　　　　　　部屋　　　静かな

chambre[名詞] ← **calme**[形容詞]。形容詞は名詞の後ろにつけるのが原則です。（→ P.23）

すぐに使えるフレーズ

□ 東京で予約しました。

ジェ フェ マ レゼルヴァスィヨン ア トキオ
J'ai fait ma réservation à Tokyo.

⇒ fait → faire（する）の過去分詞。

「私の」+ 女性名詞単数

□ 部屋は何号室ですか。

ケレ ル ニュメロ ドゥ マ シャンブル
Quel est le numéro de ma chambre ?
　　　　　　　番号　　　　　　私の　部屋

□ 何階ですか。

セタ ケレタージュ
C'est à quel étage ?
　　　何階に

階の数え方は日本とは異なるので注意しましょう。
（「第1の」の意味の premier [プレミエ] が2階を示します。）

□ 貴重品を預かってもらえますか。

ジュ プ ヴ レセ デゾブジェ ドゥ ヴァルール
Je peux vous laisser des objets de valeur ?
　　　　　　　　　　　　　　貴重品

【たずねる】

□ A: チェックアウトは何時ですか。

ア ケルール フォティル キテ ラ シャンブル
À quelle heure faut-il quitter la chambre ?
　　　　　　　　　　　　退出しなければならない

□ B: 10時です。

ディズール
Dix heures.

□ 朝食は何時からですか。

Le petit déjeuner est à quelle heure ?
ル プティ デジュネ エ ア ケルール
朝食は

□ 食堂はどこですか。

Où est la salle à manger ?
ウ エ ラ サラマンジェ
食堂

□ この近くに良いレストランがありますか。

Est-ce qu'il y a un bon restaurant près d'ici ?
エ ス キ リ ヤ アン ボン レストラン プレ ディスィ
良いレストラン この近くに

□ この荷物を預かってもらえますか。

Pouvez-vous garder ce bagage ?
プヴェ ヴ ガルデ ス バガージュ
この荷物を

□ 200号室のキーをお願いします。

La chambre 200, s'il vous plaît.
ラ シャンブル ドゥサン スィル ヴ プレ
200号室

⇒ **200** =deux cents

□ 私あての郵便物は届いていますか。

Est-ce qu'il y a du courrier pour moi ?
エ ス キ リ ヤ デュ クリエ プル モワ
〜はありますか 郵便物 私あての

⇒ **moi** は人称代名詞の強勢形。

● Lesson 23 ホテル〈チェックイン〉

□ このホテルではインターネットは利用できますか。

<small>ピュイ ジュ アクセデ ア アンテルネットゥ ダン セットテル</small>
Puis-je accéder à internet dans cet hôtel ?

□ 英語を話しますか。

<small>パルレ ヴ アングレ</small>
Parlez-vous anglais ?
<small>話しますか 英語</small>

□ だれか英語を話せますか。

<small>エ ス ク ケルカン パルラングレ</small>
Est-ce que quelqu'un parle anglais ?
<small>だれか 話す 英語</small>

□ 日本語を話しますか。

<small>パルレ ヴ ジャポネ</small>
Parlez-vous japonais ?
<small>日本語</small>

□ A: どうぞお先に。（入り口やエレベーターなどで道をゆずるとき）

<small>アプレ ヴ マダム</small>
Après vous, Madame.

<small>※エレベーターのボタン（RCは1階／SSは地下）</small>

□ B: 失礼します。（ゆずられた場合…）

<small>パルドン ムスィユー</small>
Pardon, Monsieur.

PART 4 すぐに話せる！フランス旅行重要フレーズ

Leçon 24 ホテル〈ルームサービス〉

ショート対話

□ B: どなたですか。(ノックされて)

キ エ ス
Qui est-ce ?
⇒ Qui est-ce ? は常に単数。対象が複数の場合も，複数形（Qui sont-ce ?）は用いません。

□ A: キムラ様，入ってもよろしいですか。

マドゥモワゼル　　　キムラ　　　ピュイ　ジュ　アントレ
Mademoiselle Kimura, puis-je entrer ?

□ B: ちょっと待ってください。

アナンスタン　　スィル　ヴ　プレ
Un instant, s'il vous plaît.

□ B: お入りください。

アントレ
Entrez.

■関連表現（日本に電話するとき）

関連表現・事項

「日本に電話したいのですが」
ジュ　ヴドゥレ　テレフォネ　　オ　ジャポン
Je voudrais téléphoner au Japon.

「コレクトコールで日本に電話をかけたいのですが」
ジュ　ヴドゥレ　テレフォネ　　　オ　ジャポン　アン　ペセヴェ
Je voudrais téléphoner au Japon en PCV.

すぐに使えるフレーズ

☐ B: もしもし，ルームサービスをお願いします。

Allô ! Le service de chambre, s'il vous plaît.
アロー　ル　セルヴィス　ドゥ　シャンブル　スィル　ヴ　プレ
もしもし　　　　　　ルームサービス

☐ B: こちらは310号室です。

C'est la chambre 310.
セ　ラ　シャンブル　トゥロワッサンディス
　　　　　　　　　310号室

☐ A: ご注文をどうぞ。

Que désirez-vous ?
ク　デジレ　ヴ
何

☐ B: コーヒーをお願いします。

Un café, s'il vous plaît.
アン　カフェ　スィル　ヴ　プレ

☐ A: かしこまりました。

Bien sûr.
ビヤン　シュール

☐ B: できるだけ早くお願いします。

Dès que possible, s'il vous plaît.
デ　ク　ポシーブル　スィル　ヴ　プレ
できるだけ早く

PART 4　すぐに話せる！フランス旅行重要フレーズ

Leçon 25 ホテル〈苦情・お礼など〉

ショート対話

□ A: お湯が出ません。

Il n'y a pas d'eau chaude.
イル ニヤ パ ドー ショードゥ

□ A: 修理に来てくれますか。

Vous pouvez venir réparer ?
ヴ プヴェ ヴニール レパレ

□ B: すぐに係の者がまいります。

Nous arrivons tout de suite, Monsieur.
ヌザリヴォン トゥ ドゥ スイットゥ ムスュー
　　　　　　　　　　すぐに

■例文でチェック！ （関連表現・事項）

「部屋に鍵を置き忘れました」

J'ai laissé ma clé dans la chambre.
ジェ レッセ マ クレ ダン ラ シャンブル
私は置き忘れました　私の　鍵　　中に　　部屋の

すぐに使えるフレーズ

□ 部屋を変えてほしいのですが。

ジュ　ヴドゥレ　　シャンジェ　　ドゥ　シャンブル
Je voudrais changer de chambre.
　　　　　　　　　変える　　　　　　　部屋

□ 部屋に鍵を置き忘れました。

ジェ　レッセ　　マ　クレ　　ダン　ラ　シャンブル
J'ai laissé ma clé dans la chambre.

□ トイレットペーパーがありません。

イル ニ ヤ　パ　　ドゥ　パピエ　　ドゥ　トワレットゥ
Il n'y a pas de papier de toilette.
　〜がない　　　　　　　トイレットペーパー

□ ありがとう。とても楽しく過ごせました。　〜お礼の言い方

メルスィ　　ジェ　パッセ　　アン　ボン　セジュール
Merci. J'ai passé un bon séjour.
　　　　　とても楽しく過ごせた

□ A: このホテルは感じいいね。

イレ　　サンパ　　　セットテル
Il est sympa cet hôtel.

□ B: 私もそう思います。

ジュ スィ ダコル　　アヴェック トワ
Je suis d'accord avec toi.

26 Leçon ホテル〈チェックアウト〉

ショート対話

□ A: 出発まで荷物を預かってもらえますか。

ヴ　ブヴェ　ガルデ　セ　バガージュ
Vous pouvez garder ces bagages
　　　　　　　預かる

ジュスカ　モン　デパール
jusqu'à mon départ ?
　　　　　　出発

□ B: わかりました。ここにお名前を書いてください。

セルテヌマン
Certainement.

ヴェイエ　スィニェ　イスィ
Veuillez signer ici.

■例文でチェック！

「もう1泊したいのですが」

ジュ ヴドゥレ　レステ　ユヌ　ニュイ ドゥ プリュス
Je voudrais rester une nuit de plus.
〜したいのですが　泊まる　　　もう一晩

Je voudrais être 〜.「〜になりたい」と希望を言うことができる。

関連表現・事項

すぐに使えるフレーズ

☐ チェックアウトお願いします。

ジュ ヴドゥレ キテ ラ シャンブル
Je voudrais quitter la chambre.
　　　　　　　　チェックアウトする

☐ 出発しますので，会計をお願いします。

ジュ ヴ パルティール ラ ノットゥ スィル ヴ プレ
Je vais partir, la note, **s'il vous plaît**.
　　　　　　　　　　　　会計を

☐ クレジットカードで払いたいのですが。

ジュ ヴドゥレ ペイエ パル カルトゥ ドゥ クレディ
Je voudrais payer par carte de crédit.
　　　　　　　　払う　　　　クレジットカードで

☐ 領収書をください。

ジュ ヴドゥレ アン ルスュ スィル ヴ プレ
Je voudrais un reçu, **s'il vous plaît**.
　　　　　　　　　　　領収書

☐ タクシーを呼んでいただけますか。

プリエ ヴ マプレ アン タクスィ
Pourriez-vous m'appeler un taxi ?
　ていねいな表現

☐ この荷物を日本に送りたいのですが。

ジュ ヴドゥレ アンヴォワィエ ス コリ オ ジャポン
Je voudrais envoyer ce colis au Japon.
　　　　　　　　送る　　　　　　荷物

■ ホテル

(m) は男性名詞, *(f)* は女性名詞

ホテル	**hôtel** *(m)* オテル
予約	**réservation** *(f)* レゼルヴァスィヨン
フロント	**réception** *(f)* レセプスィヨン
フロント係	**réceptionniste** レセプスィヨニストゥ
コンシェルジュ	**concierge** コンスィエルジュ
ドアマン	**portier** *(m)* ポルティエ
ベルボーイ	**chasseur** *(m)* シャスール
メイド	**femme de chambre** *(f)* ファム ドゥ シャンブル
シングルベッドの部屋	**chambre à un lit** *(f)* シャンブル ア アン リ
ツインの部屋	**chambre à deux lits** *(f)* シャンブル ア ドゥ リ
バス付き	**avec (salle de) bains** *(f)* アヴェク(サル ドゥ) バン
シャワー付き	**avec douche** *(f)* アヴェク ドゥシュ
階段	**escalier** *(m)* エスカリエ
1階	**rez-de-chaussée** *(m)* レ ドゥ ショセ
2階	**premier étage** *(m)* プルミエ レタージュ
3階	**deuxième étage** *(m)* ドゥーズィエム タージュ
4階	**troisième étage** *(m)* トゥロワズィエム タージュ
地下	**sous-sol** *(m)* スーソル

エレベーター	**ascenseur** (m) アサンスール		会計	**caisse** (f) ケス
上がる	**monter** モンテ		会計係（男性）	**caissier** (m) ケスィエ
下りる	**descendre** デサンドゥル		会計係（女性）	**caissière** (f) ケスィエール
朝食	**petit déjeuner** (m) プティ デジュネ		精算書	**note** (f) ノトゥ
昼食	**déjeuner** (m) デジュネ		室料	**prix de la chambre** (m) プリ ドゥ ラ シャンブル
夕食	**dîner** (m) ディネ		飲食代	**prix des consommations** (m) プリ デ コンソマスィヨン
ロビー	**hall** (m) オール		合計金額	**somme totale** (f) ソム トタル
ルームサービス	**service de chambre** セルヴィス ドゥ シャンブル / **service d'étage** (m) セルヴィス デタージュ		領収書	**reçu** (m) ルスュ
注文する	**commander** コマンデ			

27 Leçon レストランで

ショート対話

□ A: 私たちと一緒に夕食をしませんか。

ヴ　ヴレ　　ディネ　アヴェック ヌ
Vous voulez dîner avec nous ?

□ B: そうですね，そうしたいです。

セ　ス ク　ジュ ヴェ　フェル
C'est ce que je vais faire.

prendre le dîner
（夕食をとる）

□ B: いいえ，けっこうです。

ノン　　メルスィ
Non, merci.

□ A: メニューを見せてください。

ラ　カルトゥ　スィル ヴ　プレ
La carte, s'il vous plaît.

□ B: すぐお持ちします。

ジュ ヴ　　ラポルトゥ
Je vous l'apporte.

関連表現・事項

■ bon の使い方

「とてもおいしいですね」

セ　トゥレ　ボン
C'est très bon.

C'est のあとの形容詞 **bon** は，料理がおいしいとか物の品質が良いという意味で使います。

すぐに使えるフレーズ

【入店する】

☐ A: 何名様ですか。

ヴゼットゥ　　　コンビヤン
Vous êtes combien ?
あなた方は　　　何人

☐ B: 2人です。

ヌ　　　ソム　　　　ドゥー
Nous sommes deux.
私たちは　〜です　　2人

☐ B: どのくらい待ちますか。

コンビヤン　　ドゥ　タン　　フォティル　アンタドゥル
Combien de temps faut-il attendre ?
　　　　　　　　　　　「〜しなければなりませんか」

☐ A: 15分ほどです。

アンヴィロン　　カンズ　　　ミニュット
Environ quinze minutes.
　　　　　　　15分

☐ B: わかりました。待ちます。

ダコール　　　　ヌザロンザタンドゥル
D'accord. Nous allons attendre.

☐ B: またにします。

ヌ　　　ルヴィアンドロン
Nous reviendrons.

□ A: 喫煙席にしますか，禁煙席にしますか。

<ruby>Préférez<rt>プレフェレ</rt></ruby>-<ruby>vous<rt>ヴ</rt></ruby> <ruby>fumeurs<rt>フュムール</rt></ruby> <ruby>ou<rt>ウ</rt></ruby> <ruby>non-fumeurs<rt>ノンフュムール</rt></ruby> ?

□ B: 禁煙席にします。

<ruby>Non-fumeurs<rt>ノンフュムール</rt></ruby>, <ruby>s'il<rt>スィル</rt></ruby> <ruby>vous<rt>ヴ</rt></ruby> <ruby>plaît<rt>プレ</rt></ruby>.

【注文する - 飲み物】

□ すみません。（呼びかけ）

<ruby>(Monsieur)<rt>ムスィユー</rt></ruby>, <ruby>s'il<rt>スィル</rt></ruby> <ruby>vous<rt>ヴ</rt></ruby> <ruby>plaît<rt>プレ</rt></ruby>.

□ 食前酒は何がありますか。

<ruby>Qu'avez-vous<rt>カヴェ ヴ</rt></ruby> <ruby>comme<rt>コム</rt></ruby> <ruby>apéritif<rt>アペリティフ</rt></ruby>?
　何がありますか　　　食前酒として

[アペリティフ]

□ ミネラルウォーターをください。

<ruby>De<rt>ドゥ</rt></ruby> <ruby>l'eau<rt>ロー</rt></ruby> <ruby>minérale<rt>ミネラル</rt></ruby>, <ruby>s'il<rt>スィル</rt></ruby> <ruby>vous<rt>ヴ</rt></ruby> <ruby>plaît<rt>プレ</rt></ruby>.
　　　ミネラルウォーター

→ eauのつづりは[オ]の発音 (→ P.12)

→ 部分冠詞で de la の省略形 (→ P.21)

● Lesson27 レストランで

□ ワインリストを見せてください。

アポルテ　　　モワ　ラ　カルトゥ　デ　ヴァン　スィル　ヴ　プレ
Apportez-moi la carte des vins, s'il vous plaît.
　　　　　　　　　ワインリスト

□ この土地のワインを飲みたいのですが。

ジュ　ヴドゥレ　　ボワール　デュ　ヴァン　デュ　ラ　レリージオン
Je voudrais boire du vin de la région.
　　　　　　　　飲む　　　　　　　　　　この土地の

□ A: おすすめのワインはなんですか。

プヴェ　ヴ　ム　ルコマンド　アン　ヴァン
Pouvez-vous me recommander un vin ?
　　　　　　　　　　　　すすめる
　　　　　　　　私に

□ B: この白ワインがおすすめです。

ジュ　ヴ　ルコマンドゥ　ス　ヴァン　ブラン
Je vous recommande ce vin blanc.
　　　　　　　　　　　　　この白ワインが

□ A: それをいただきます。

ヌザロン　レセイエ
Nous allons l'essayer.

□ 甘口のものはどれですか。

ルケル　エ　ドゥー
Lequel est doux ?
　　　　　　甘口

PART 4

すぐに話せる！フランス旅行重要フレーズ

□ 辛口のものはどれですか。

ルケル　エ　セック
Lequel est sec ?
　　　　　辛口

□ ビールがほしいのですが。

ジュ ヴドゥレ　ユヌ　ビエール
Je voudrais une bière.
　　　　　1杯の　ビール

⇒ビールは数えられないので部分冠詞をつけて **de la bière** と言うべきですが，会話では「ビールを1杯」で **une bière** と言ってもかまいません。

□ もう1杯ください。

アンコール　アン ヴェール　スィル ヴ プレ
Encore un verre, s'il vous plaît.
もう　　　　グラス1杯

□ まずスープをいただきたいのですが。

ジュ ヴドゥレ　ダボール　ドゥ ラ スプ
Je voudrais d'abord de la soupe.
　　　　　　まず　　　　　スープ

□ オニオンスープをお願いします。

ユヌ　スーパロニョン　　スィル ヴ プレ
Une soupe à l'oignon, s'il vous plaît.
　　オニオンスープ

● **Lesson27 レストランで**

【注文する - 食べ物】

□ A: ご注文をうかがいましょうか。

<ruby>Puis<rt>ピュイ</rt></ruby>-<ruby>je<rt>ジュ</rt></ruby> <ruby>prendre<rt>プランドゥル</rt></ruby> <ruby>votre<rt>ヴォートゥル</rt></ruby> <ruby>commande<rt>コマンドゥ</rt></ruby> ?
（注文）

□ B: はい，お願いします。

<ruby>Oui<rt>ウイ</rt></ruby>, <ruby>s'il<rt>スィル</rt></ruby> <ruby>vous<rt>ヴ</rt></ruby> <ruby>plaît<rt>プレ</rt></ruby>.

□ 注文をお願いします。

<ruby>Je<rt>ジュ</rt></ruby> <ruby>voudrais<rt>ヴドゥレ</rt></ruby> <ruby>commander<rt>コマンデ</rt></ruby>, <ruby>s'il<rt>スィル</rt></ruby> <ruby>vous<rt>ヴ</rt></ruby> <ruby>plaît<rt>プレ</rt></ruby>.
（注文する）

□ これを2人前ください。

<ruby>Puis<rt>ピュイ</rt></ruby>-<ruby>je<rt>ジュ</rt></ruby> <ruby>avoir<rt>アヴォワール</rt></ruby> <ruby>cela<rt>スラ</rt></ruby> <ruby>pour<rt>プール</rt></ruby> <ruby>deux<rt>ドゥー</rt></ruby> <ruby>personnes<rt>ペルソンヌ</rt></ruby> ?
（2人前）

〜〜〜 Je peux 〜?（〜してもいいですか）の倒置疑問文

□ A: お決まりになりましたか。

<ruby>Vous<rt>ヴザヴェ</rt></ruby> <ruby>avez<rt></rt></ruby> <ruby>choisi<rt>ショワズィ</rt></ruby> ?

□ B: ちょっと待ってください。

<ruby>Un<rt>アン</rt></ruby> <ruby>moment<rt>モマン</rt></ruby>, <ruby>s'il<rt>スィル</rt></ruby> <ruby>vous<rt>ヴ</rt></ruby> <ruby>plaît<rt>プレ</rt></ruby>.
少しの間

PART 4 すぐに話せる！フランス旅行重要フレーズ

□ B: これをお願いします。〈メニューを指して〉

ジュ　プラン　サ
Je prends ça.
　食べます　これ

□ あれと同じものをください。〈テーブルの料理を指して〉

ラ　メーム　ショーズ　ク　スラ　スィル　ヴ　プレ
La même chose que cela, s'il vous plaît.
　同じもの　　　あれと　　　　　お願いします

「…と同じ」の意味になります。

□ コース料理はありますか。

ヴザヴェ　アン　ムニュ
Vous avez un menu ?
　　　　　コース料理

⇒日本語の「メニュー」のことを，フランス語では
carte [カルトゥ] と言います。

□ 本日の日替わり料理は何ですか。

ケレ　ル　プラ　デュ　ジュール
Quel est le plat du jour ?
何ですか　　　日替わり料理

□ A: おすすめの料理は何ですか。

ケ　ス　ク　ヴ　ム　ルコマンデ
Qu'est-ce que vous me recommandez ?
何を　　　　　あなたが　私に　すすめる

□ B: ブイヤベースがおすすめです。

ジュ　ヴ　ルコマンドゥ　ドゥ　ラ　ブイヤベース
Je vous recommande de la bouillabaisse.
　　　　　おすすめです　　　　　　ブイヤベース

● Lesson27 レストランで

□ パンをください。

デュ　パン　　スィル　ヴ　プレ
Du pain, s'il vous plaît.

⇒ du は「いくらかの量の」の意味の部分冠詞（男性形）。（→ p.21）

□ フォワグラを食べてみたいです。

ジュ ヴドゥレ　　　マンジェ　　　デュ　フォワ　グラ
Je voudrais manger du foie gras.

□ ペッパーステーキがほしいのですが。

ジュ ヴドゥレ　　　アン　ステッコ　　　ポワーヴル
Je voudrais un steak au poivre.
　　　　　　　　　ステーキ　　こしょう付きの

⇒ au のつづりは [オ] の発音ですね。日本語の [オ] より唇を丸く前に突き出して発音。

□ B: ビフテキのフライドポテト添えをください。

アン　ステック　フリーツ　　スィル　ヴ　プレ
Un steak-frites, s'il vous plaît.
ビフテキ　　　　フライドポテト

□ A: ステーキの焼き加減はどのようにしますか。

コマン　　　　　ヴレ　　　ヴ　　ヴォートゥル　ステック
Comment voulez-vous votre steak ?
　　　　　　　　　　　　　　あなたの　　ステーキ

□ B: よく焼いてください。

ビヤン　キュイ　スィル　ヴ　プレ
Bien cuit, s'il vous plaît.
よく　　焼いて

PART 4 すぐに話せる！フランス旅行重要フレーズ

□ B: ミディアムにしてください。

<u>ア ポワン</u>　<u>スィル ヴ プレ</u>
À point, s'il vous plaît.
ミディアムで

□ B: レアにしてください。

<u>セニャン</u>　<u>スィル ヴ プレ</u>
Saignant, s'il vous plaît.
レアに

□ 取り分け用の小皿をいただけますか。

<u>プリエ ヴ</u>　<u>アポルテ</u>　<u>デザスィエットゥ</u>
Pourriez-vous apporter des assiettes,
ていねいな表現　　持ってくる　　　小皿

<u>スィル ヴ プレ</u>
s'il vous plaît ?

【たずねる】

□ これはどうやって食べるのですか。

<u>コマン</u>　　<u>ス プラ</u>　<u>ス マンジュティル</u>
Comment ce plat se mange-t-il ?
　　　　　　この 料理　　食べるのですか

□ このソースは何につけるのですか。

<u>セットゥ</u> <u>ソース</u>　<u>ヴァ</u> <u>アヴェック クワ</u>
Cette sauce va avec quoi ?
　　　ソース　　合う　　　何に

□ これは何ですか。

<u>ケ</u>　<u>ス ク</u>　<u>セ</u>
Qu'est-ce que c'est ?

● Lesson27 レストランで

□ A: 頼んだものがまだこないのですが。

ジュ ヌ スュイ パ アンコール セルヴィ
Je ne suis pas encore servi(e).
私は 〜ないです　　　まだ　　　食事を出された

否定表現

□ B: すぐ確認いたします。

ジュ ヴェ ヴェリフィエ サ トゥ ドゥ スュイットゥ
Je vais vérifier ça tout de suite.
　　　確認いたします　　　すぐ

□ これは注文していません。

ジュ ネ パ コマンデ サ
Je n'ai pas commandé ça.

□ スプーンを落としました。

ジュ フェ トンベ マ キュイエール
J'ai fait tomber ma cuillère.
　　　　　　　　　　　スプーン

【デザート / 支払い】

□ A:（お食事は）終わりましたか。

ヴザヴェ フィニ
Vous avez fini ?

この後ろの名詞は無冠詞に！

□ B: ええ，デザートは何がありますか。

ウイ ケ ス ク ヴザヴェ コム デセール
Oui. Qu'est-ce que vous avez comme dessert ?
　　　　　　　　　　　　　　　　　（〜として）デザート

□ 洋なしのタルトをください。

ユヌ　タルトゥ　ア　ラ　ポワール　スィル　ヴ　プレ
Une tarte à la poire, s'il vous plaît.
　　　　洋なしのタルト

□ それからコーヒーを。

エ　アン　カフェ　ヌワール
Et un café noir.
　　　　コーヒー

□ おなかいっぱいです。

ジェ　ビヤン　マンジュ
J'ai bien mangé.
　　　　　食べました

□ ありがとう。とってもおいしかったです。

メルスィ　セテ　トゥレ　ボン
Merci. C'était très bon.
　　　　　　とってもおいしい

□ お勘定をお願いします。

ラディスィヨン　スィル　ヴ　プレ
L'addition, s'il vous plaît.

└─ l'は定冠詞 la の省略形

□ カードで支払えますか。

オン　プー　レグレ　パル　カルトゥ
On peut régler par carte ?
　　　　　支払う　　カードで

⇒ **par** chèques de voyage（トラベラーズチェックで）

● Lesson27 レストランで

■ レストラン

(m) は男性名詞，*(f)* は女性名詞

ウェーター	**serveur / garçon** *(m)* セルヴール　ガルソン
ウェートレス	**serveuse** *(f)* セルヴーズ
メニュー	**carte** *(f)* カルトゥ
コース料理	**menu** *(m)* ムニュ
日替わり料理	**plat du jour** *(m)* プラ　デュ　ジュール
食前酒	**apéritif** *(m)* アペリティフ
ボトル	**bouteille** *(f)* ブテイユ
ハーフボトル	**demi-bouteille** *(f)* ドゥミ　ブテイユ
ピッチャー	**pichet** *(m)* ピシェ
ビール	**bière** *(f)* ビエール
シャンペン	**champagne** *(m)* シャンパーニュ
赤ワイン	**vin rouge** *(m)* ヴァン　ルージュ
白ワイン	**vin blanc** *(m)* ヴァン　ブラン
ミネラルウォーター	**eau minérale** *(f)* オ　ミネラル
デザート	**dessert** *(m)* デセール
果物	**fruit** *(m)* フリュイ
ナイフ	**couteau** *(m)* クトー
フォーク	**fourchette** *(f)* フルシェトゥ
スプーン	**cuillère** *(f)* キュイエール
グラス	**verre** *(m)* ヴェール
カップ	**tasse** *(f)* タス
大皿	**plat** *(m)* プラ
塩	**sel** *(m)* セル
砂糖	**sucre** *(m)* スュクル
こしょう	**poivre** *(m)* ポワヴル
しょうゆ	**sauce de soja** *(f)* ソース　ドゥ　ソジャ
酢（す）	**vinaigre** *(m)* ヴィネグル
カフェ	**café** *(m)* カフェ
ビストロ	**bistrot** *(m)* ビストゥロ
勘定	**addition** *(f)* アディスィヨン

PART 4　すぐに話せる！フランス旅行重要フレーズ

Leçon 28 カフェ / ファストフード

ショート対話

□ A: 大・中・小のどれにしますか。

En voulez-vous un grand, un moyen ou un petit ?
アン ヴレ ヴ アン グラン アン モワヤン ウ アン プティ
　　　　　　　　　　　　　　　　大　　　　　中　　　　　　小

□ B: 中にしてください。

Un moyen, s'il vous plaît.
アン モワヤン スィル ヴ プレ

□ A: 10ユーロになります。

Ça fera 10 euros.
サ フラ ディズーロ
〜になります　10ユーロ

□ B: （代金を出して）はい，どうぞ。

Voilà.
ヴワラ

関連表現・事項

■ カフェについて

◎ カフェでは飲み物を飲み終わっても，ボーイさんは下げに来ません。
◎ カフェでは相席はしません。
◎ カフェにはトイレや電話がたいてい地下にあります。
◎ 席で会計をすませます。

すぐに使えるフレーズ

【カフェ】

☐ バゲットサンドを1つください。

<small>アン　サンドウィチ　バゲット　スィル　ヴ　プレ</small>
Un sandwich baguette, s'il vous plaît.
<small>バゲットサンド</small>

☐ 持ち帰りたいのですが。

<small>ジュ　ヴドレ　　レ　プランドル　ア　アンポルテ</small>
Je voudrais les prendre à emporter.
<small>持ち帰りで</small>

☐ ここに座ってもいいですか。

<small>ジュ　プ　マソワール　イスィ</small>
Je peux m'asseoir ici ?
<small>　　　座る　　　ここに</small>

☐ テーブルで飲みます。

<small>エン　サル</small>
En salle.

☐ カウンターで飲みます。

<small>オ　コントワール</small>
Au comptoir.
<small>カウンターで</small>

□ コーヒーを1つください。

アン　カフェ　スィル　ヴ　プレ
Un café, s'il vous plaît.
コーヒーを1つ

□ サンドイッチをください。

アン　サンドゥウイッチ　スィル　ヴ　プレ
Un sandwich, s'il vous plaît.

□ 何か食べるものはありますか。

ヴザヴェ　　ケルク　　ショザ　　マンジェ
Vous avez quelque chose à manger ?

□ セットメニューはありますか。

ヴザヴェ　　デ　ムニュ　　アヴェック　ボワソン
Vous avez des menus avec boisson
コンプリズ
comprise ?

「定食」のこと

□ トイレはどこですか。

ウ　ソン　レ　トワレットゥ
Où sont les toilettes ?

● Lesson28 カフェ / ファストフード

【ファストフード】

□ 座れる所はありますか。

イ ア ティル デ プラス プール サスワール
Y a-t-il des places pour s'asseoir ?
ありますか　　　　　席　　　　　　座る

□ コーヒーを2つください。

ドゥー カフェ スィル ヴ プレ
Deux cafés, s'il vous plaît.
2つのコーヒー

□ ハンバーガー1つください。

ジュ ヴドゥレ アナンブルガール スィル ヴ プレ
Je voudrais un hamburger, s'il vous plaît.
　　　　　　ハンバーガー1つ

□ ここで食べます。

ジュ ヴェ マンジェ イスィ
Je vais manger ici.
　　　　　食べる　　ここで

さっと言えるように
しておきましょう！

□ 持ち帰ります。

ア アンポルテ スィル ヴ プレ
À emporter, s'il vous plaît.
持ち帰りで

□ あのケーキがもう1個ほしいのですが。

ジュ ヴドレ アンコーラン モルソー ドゥ ガトー
Je voudrais encore un morceau de gâteau.
　　　　　　もう1個

PART 4

すぐに話せる！フランス旅行重要フレーズ

29 Leçon ショッピング〈品物を探す〉

ショート対話

□ A: いらっしゃいませ。何かお探しですか。

　　ボンジュール　　ヴ　　デズィレ
　　Bonjour. Vous désirez ?

□ B: ちょっと見ているだけです。ありがとう。

　　ジュ　ルガルドゥ　スルマン　　　メルスィ
　　Je regarde seulement. Merci.

□ A: 綿のセーターはありますか。

　　アヴェ　　ヴ　　デ　　ピュル　アン　コトン
　　Avez-vous des pulls en coton ?

□ B: はい，こちらにどうぞ。

　　ウイ　ヌザンナヴォン　　　　パーリス　スィル ヴ　　プレ
　　Oui, nous en avons. Par ici, s'il vous plaît.

関連表現・事項

■部分冠詞について再チェック

ジュ　ヴドゥレ　アシュテ　デュ　パルファン
Je voudrais acheter du parfum. 「香水を買いたいのですが」

「香水」のように，1つ2つと数えることのできないものを表す名詞には，次のように部分冠詞が使われます。(→ p.21)

du 男性名詞の前 / **de la** 女性名詞の前 / **de l'** 母音ではじまる名詞の前

すぐに使えるフレーズ

□ この街の特産品は何ですか。

セット　ヴィル　エ　コニュ　プール　ケル　サルト
Cette ville est connue pour quelles sortes
　　　　　　　　　有名な　　　　　　　　　種類

ドゥ　ショーズ
de choses ?

□ それはどこで買えますか。

ウ　ピュイ　ジェ　ラシュテ
Où puis-je l'acheter ?

□ 婦人服売り場はどこですか。

ウ　エ　ル　レイヨン　デ　ヴェットゥマン　プール　ダム
Où est le rayon des vêtements pour dames ?

「〜はどこですか」はショッピングでよく使います。

□ このスカーフを見たいのですが。

ジュ　ヴドゥレ　ヴォワール　ス　フラール
Je voudrais voir ce foulard.
　　　　　　　　　見る　　この　スカーフ

□ これはありますか。〈カタログなどをみせながら〉

ヴザヴェ　サ　スィル　ヴ　プレ
Vous avez ça, s'il vous plaît ?
　　　　　これ

□ これがほしいのですが。

ジュ　ヴドゥレ　サ
Je voudrais ça.
ほしいのですが　これが

PART 4　すぐに話せる！フランス旅行重要フレーズ

147

Leçon 30 ショッピング〈試してみる〉

ショート対話

□ A: すいません。ちょっとお願いします。

エクスキュゼ　モワ　　プヴェ　　ヴ　　メデ
Excusez-moi. Pouvez-vous m'aider ?

□ A: 試着していいですか。

ジュ プ　　　レセイエ
Je peux l'essayer ?
〜してもいいですか　試す

⇒ l' は le または la の省略形（エリジヨン）。「直接目的語の人称代名詞」

□ B: もちろんどうぞ。

ビヤン　シュール ク　ヴ　　　プヴェ
Bien sûr que vous pouvez.

関連表現・事項

■ 過去分詞を使った文を再チェック

「私は靴を買いました」

ジェ　アシュテ　デ　ショスュール
J'ai acheté des chaussures.

◎ acheté は acheter（買う）の過去分詞。（→ p.45）
◎ chaussures は女性名詞複数形。（→ p.19）

すぐに使えるフレーズ

☐ A: 今，試聴してもいいですか。

ジュ プ　　レクテ　　　マントナン
Je peux l'écouter maintenant ?
　　　　　注意して聞く　　今

☐ B: はい，どうぞ。

ビヤン　スュール
Bien sûr !

☐ これを見てもいいですか。

ジュ　プ　　　ヴォワール サ
Je peux voir ça ?
　　　　　　見る　　これ

☐ 手にとってもいいですか。

ジュ　プ　　　トゥシェ　　　サ
Je peux toucher ça ?
　　　　　　さわる

このように必ず確認してから！

☐ これは何というブランドですか。

ケル　　　　マルク　　　　エス
Quelle marque est-ce ?

☐ 人気のものはどれですか。

ラケル　　　　ア　レ　プリュ　デゥ　シュクセ
Laquelle a le plus de succès ?
　　　　　　　　　　　〜の中で最も　　人気の

☐ 大きすぎます。

セ　　　トゥロ　　グラン
C'est trop grand.
　　　　あまりに　大きい

PART 4

すぐに話せる！フランス旅行重要フレーズ

149

□ 小さすぎます。

セ　トゥロ　プティ
C'est trop petit.
　　　あまりに　小さい

※このパターンは入れかえて使えるようにしましょう。

□ 長すぎます。

セ　トゥロ　ロン
C'est trop long.
　　　　　　長い

□ 短すぎます。

セ　トゥロ　クール
C'est trop court.
　　　　　　短い

□ きついです。

セ　トゥロ　セレ
C'est trop serré.
　　　　　　きつい

□ ゆるいです。

セ　トゥロ　ラッシュ
C'est trop lâche.
　　　　　　ゆるい

※くつ、手袋、帽子のサイズは pointure［ポワンテュール］

□ この上のサイズはありますか。

ヴザヴェ　ラ　タィユ　オ　ドゥスュ
Vous avez la taille au-dessus ?

↑ 服のサイズ

150

● Lesson30 ショッピング〈試してみる〉

□ もうひとつ下のサイズはありますか。

ヴザヴェ　　ラ　タィユ　オ　ドゥスー
Vous avez la taille au-dessous ?

□ デザインが気に入りません。

ラ　フォルム　ヌ　ム　プレ　パ
La forme ne me plaît pas.
　　形　　　　　私に　気に入らない

□ ほかの型はありますか。

ヴザヴェ　　ドートゥル　モデル
Vous avez d'autres modèles ?
　　　　　　ほかの　　　型

□ ほかの色はありますか。

ヴザヴェ　　ドートゥル　クールール
Vous avez d'autres couleurs ?
　　　　　　　　　　　　色

⇒名詞 couleur が複数形で，前に形容詞がつくと不定冠詞 des は de となり，さらにエリジヨンして d' となっています。

□ どんな色がありますか。

ヴザヴェ　　ケル　　クルール
Vous avez quelles couleurs ?
　　　　　　どんな

□ お客さまのサイズはいくつですか。

ケレ　　ヴォトゥル　タィユ
Quelle est votre taille ?
　　　　　　　　(服の)サイズ

PART 4

すぐに話せる！フランス旅行重要フレーズ

151

□ A: この靴のサイズはいくつですか。

ケレ　　　ラ　ポワンチュール　ドゥ　セ　ショッシュール
Quelle est la pointure de ces chaussures ?
　　　　　　　サイズ（靴のサイズ）

□ B: 38 です。

トラントュイット
38.

□ A: 40 のものはありますか。

ヴザヴェ　　　デュ　カラント
Vous avez du 40 ?

□ 素材は何ですか。

セタン　　　ケル　　マティエール
C'est en quelle matière ?
　　　　　どんな　　素材

□ これは綿 100%ですか。

エ　ス　サン プールサン　コトン
Est-ce 100% coton ?

□ 水洗いできますか。

エ　ス　ラヴァーブル
Est-ce lavable ?

■ショッピング

(m) は男性名詞, *(f)* は女性名詞

デパート	**grand magasin** *(m)* グラン マガザン	短い	**court(e)** クール[クルトゥ]
スーパーマーケット	**supermarché** *(m)* スュペルマルシェ	絹の	**en soie** アン ソワ
ブティック	**boutique** *(f)* ブティック	綿の	**en coton** アン コトン
商店	**magasin** *(m)* マガザン	ウールの	**en laine** アン レヌ
書店	**librairie** *(f)* リブレリ	革の	**en cuir** アン キュイール
営業中	**ouvert** ウヴェール	ナイロンの	**en nylon** アン ニロン
閉店	**fermé** フェルメ	ジャケット	**veste** *(f)* ヴェストゥ
店員（男性）	**vendeur** *(m)* ヴァンドゥール	セーター	**pull** *(m)* / **pull-over** *(m)* ピュル ピュロヴェール
店員（女性）	**vendeuse** *(f)* ヴァンドゥーズ	スラックス	**pantalon** *(m)* パンタロン
品物	**article** *(m)* アルティクル	スカート	**jupe** *(f)* ジュップ
おみやげ	**souvenir** *(m)* スヴニール	ワンピース	**robe** *(f)* ロブ
値段	**prix** *(m)* プリ	ブラウス	**chemisier** *(m)* シュミズィエ
セール	**solde** *(m)* ソルドゥ	ワイシャツ	**chemise** *(f)* シュミーズ
大きい	**grand(e)** グラン[グラーンドゥ]	コート	**manteau** *(m)* マント
小さい	**petit(e)** プティ[プティットゥ]	Tシャツ	**tee-shirt** *(m)* ティシュルトゥ
長い	**long(ue)** ロン[ローング]	ジーンズ	**jean(s)** *(m)* ジーン[ス]

31 Leçon ショッピング〈値段交渉と支払い〉

ショート対話

□ A: これをください。
Je prends ça.
（もらう）

□ A: いくらですか。
C'est combien ?

□ B: 20 ユーロです。
Ça fait 20 euros.

□ A: 全部でいくらですか。
Ça fait combien en tout ?

■関連表現

「免税店はありますか」

Y a-t-il un magasin { qui fait la détaxe ?
{ d'articles détaxés ?

すぐに使えるフレーズ

□ A: 免税になりますか。

ジュ プ　　ル フェール デタクセ
Je peux le faire détaxer?
　　　　　それ　〜させる　免税する

□ B: はい，なります。

ウイ
Oui.

□ 高すぎます。

セ　　トゥロ　シェール
C'est trop cher.
　　あまりに　高い

値段交渉の表現

□ 少し安くなりませんか。

ヴ　　プヴェ　　　ム　　フェール　ユヌ　　プティトゥ
Vous pouvez me faire une petite
　　　　　　　　　　　　　　　　　　　ちょっと

レデュクスィヨン
réduction ?
値引き

□ 別の物を持ってきます。

ジュ　ヴザポート　　　　　オートゥル　ショーズ
Je vous apporte autre chose.

□ ちょっと考えさせてください。

ジュ　ヴェ　レフレシール
Je vais réfléchir.

PART 4

すぐに話せる！フランス旅行重要フレーズ

□ A: いくつですか。

コンビヤン　アン　ヴレ　ヴ
Combien en voulez-vous ?

□ B: 2つください。

ドゥー　スィル　ヴ　プレ
Deux, s'il vous plaît.

数はさっと言えるように！

□ レジはどこですか。

ウ　エ　ラ　ケス
Où est la caisse ?
　　　　　　レジ

□ 現金で支払います。

ジュ　レグル　アンネスペス
Je règle en espèces.
　払う　　　現金で

□ トラベラーズチェックは使えますか。

ジュ　プ　ペイエ　パー　シェック　ドゥ　ヴォワイヤージュ
Je peux payer par chèque de voyage ?
　　　払う　　　　トラベラーズチェックで

□ 税金は含まれていますか。

レ　タクス　ソン　コンプリーズ
Les taxes sont comprises ?
　税金　　含まれている

● Lesson31 ショッピング〈値段交渉と支払い〉

□ おつりが違っています。

イリ ヤ ユネルール　　ダン　ラ モネ
Il y a une erreur dans la monnaie.
～があります　　間違い　　おつりの中に

□ 別々に包んでいただけますか。

ヴ　　プヴェ　　　レザンバレ　　　　セパレマン
Vous pouvez les emballer séparément ?
　　　　　　　　　包む　　　　　別々に

□ プレゼント用に包んでいただけますか。

プリエ　　　ヴ　　　ム　フェール アン　パケ　　　カドー
Pourriez-vous me faire un paquet-cadeau ?
　　　　　　　　　私に　　　プレゼント用に包装する

└ ていねいな表現

□ 袋をいただけますか。

プヴェ　　　ヴ　　ム　　ドネ　　　アン　サック　スィル ヴ
Pouvez-vous me donner un sac, s'il vous
　　　　　　　　　　与える　　　　袋

プレ
plaît ?

□ 返品したいのですが。

ジュ　ヴドゥレ　　　ランドゥル　　ススィ
Je voudrais rendre ceci.
　　　　　　　　　返品する　　これ

PART 4　すぐに話せる！フランス旅行重要フレーズ

32 Leçon 道をたずねる

ショート対話

□ A: ここから遠いですか。

C'est loin d'ici ?
セ ロワン ディスィ
遠い / 「近い」 près プレ

□ B: いいえ、そんなに遠くはありませんよ。

Non, ce n'est pas très loin.
ノン ス ネ パ トゥレ ロワン

□ A: 地図を書いていただけますか。

Vous pouvez me faire un plan ?
ヴ プヴェ ム フェール アン プラン
　　　　　　　　　　　　　　地図

□ A: わかりました。どうもありがとう。

D'accord. Merci beaucoup.
ダコール メルスィ ボークー

■単語を差替えて使いましょう。

「地図でホテルはどこか示してくださいますか」　差替えて!!

Pouvez-vous me montrer l'hôtel sur le plan ?
プヴェ ヴ ム モントゥレ ロテル スュル ル プラン
〜してくださいますか 私に 示す ホテル 地図で

関連表現・事項

すぐに使えるフレーズ

□ A: 歩いて何分ですか。

セタ　　コンビヤン　　ドゥ　ミニュット　　ア　ピエ
C'est à combien de minutes à pied ?

□ B: 5分くらいです。

アンヴィロン　　サン　ミニュット
Environ 5 minutes.

□ A: この地図で道を教えてくれますか。

ヴ　　プヴェ　　ム　モントゥレ　　ル　シュマン　　スュル ス　プラン
Vous pouvez me montrer le chemin sur ce plan ?
　　　　　　　　　　　示す　　　　　道　　　　　この地図で

□ バスチーユ広場へはどうやって行けばいいのですか。

コマン　　　プトン　　　アレ　アラ　プラス ドゥ　ラ　バスティユ
Comment peut-on aller à la place de la Bastille ?
　　　　　　　　　　　　　　　　　　　　バスチーユ広場へ

└ On peut ~ ?（~してもいいですか）

□ どのくらい時間がかかりますか。

コンビヤン　　　ドゥ　タン　　フォティル
Combien de temps faut-il ?
　　　　　　　　時間が　　かかりますか

□ ここからどのくらい距離がありますか。

ケレ　　　ラ　ディスタンス　　ドゥピュイ　イスィ
Quelle est la distance depuis ici ?
　　　　　　　　　距離

PART 4 すぐに話せる！フランス旅行重要フレーズ

□ そこまで歩いて行けますか。

プトン　イ　アレ　ア　ピエ
Peut-on y aller à pied ?
〜できますか　そこへ　行く　歩いて

□ 何か目印はありますか。

ヴ　プヴェ　ム　ドネ　アン　ポワン　ドゥ　ルペール
Vous pouvez me donner un point de repère ?
　　　　　　　　私に　教える　　　　目印

□ あの建物は何ですか。

ケレ　ス　バティマン
Quel est ce bâtiment ?
　　　　　あの　建物

□ ここはどこですか。

ウ　ソム　ヌ
Où sommes-nous ?
　　　私たちはいますか

□ この通りは何と言いますか。

コマン　サペル　セットゥ　リュ
Comment s'appelle cette rue ?
　　　　　　　　　　この　　通り

□ この通りはどこに出ますか。

ジュスクー　ヴァ　セットゥ　リュ
Jusqu'où va cette rue ?
どこまで　　行く　この通り

160

● Lesson32 道をたずねる

■ 街角・観光

(m) は男性名詞, *(f)* は女性名詞

観光	**tourisme** *(m)*
	トゥリスム
観光案内所	**bureau de tourisme** *(m)*
	ビュロ ドゥ トゥリスム
観光客	**touriste**
	トゥリストゥ
パンフレット	**dépliant** *(m)*
	デプリヤン
小冊子	**brochure** *(f)*
	ブロシュール
ガイドブック	**guide** *(m)*
	ギッドゥ
地図	**plan** *(m)*
	プラン
新聞売店	**kiosque** *(m)*
	キヨスク
都市, 町	**ville** *(f)*
	ヴィル
通り	**rue** *(f)*
	リュ
大通り	**avenue** *(f)* / **boulevard** *(m)*
	アヴニュ ブルヴァール
交差点	**carrefour** *(m)*
	カルフール
信号	**feu** *(m)*
	フ
公園	**jardin public** *(m)*
	ジャルダン ピュブリック
広場	**place** *(f)*
	プラス

橋	**pont** *(m)*
	ポン
記念建造物	**monument** *(m)*
	モニュマン
入場券	**ticket / billet** *(m)*
	ティケ / ビエ
開館時間	**heures d'ouverture** *(f, pl)*
	ウール ドゥヴェルテュール
美術館 / 博物館	**musée** *(m)*
	ミュゼ
植物園	**jardin botanique** *(m)*
	ジャルダン ボタニク
水族館	**aquarium** *(m)*
	アクアリオム
動物園	**zoo** *(m)*
	ゾー
庭園	**jardin** *(m)*
	ジャルダン
教会	**église** *(f)*
	エグリズ
大聖堂	**cathédrale** *(f)*
	カテドゥラル
宮殿	**palais** *(m)*
	パレ
城	**château** *(m)*
	シャトー
近い	**près**
	プレ
遠い	**loin**
	ロワン

PART 4

すぐに話せる！フランス旅行重要フレーズ

Leçon 33 観光する〈美術館・博物館〉

ショート対話

□ A: ツアーは何時からですか。

ア ケルール　　　コマンス　　ラ ヴィジットゥ
À quelle heure commence la visite ?

□ B: 20分後です。

ダン　ヴァン　ミニュットゥ
Dans vingt minutes.

□ A: 入場料はいくらですか。

コンビヤン　クートゥ ラントゥレ
Combien coûte l'entrée ?

□ B: 1人5ユーロです。

サンクーロ　　パール ペルソンヌ
Cinq euros par personne.

関連表現・事項

■会話での疑問文

「いつ出発するのですか」

Quand partez-vous ?

という疑問文を

会話では **Vous partez quand ?**

と言うこともできます。（→ p.28）

すぐに使えるフレーズ

【観光案内所】

□ 観光案内所はどこですか。

Où est l'office du tourisme ?
ウ エ ロフィス デュ トゥリスム
　　　　観光案内所

まずはここで情報を入手して。

□ ツアーはどれくらいの時間がかかりますか。

Combien de temps dure le circuit ?
コンビヤン ドゥ タン デュール ル スィルキュイ
どれくらいの時間　　　　　　続く　　ツアー

□ バスはどこから出ますか。

D'où part le bus ?
ドゥ パール ル ビュス
どこから 出発する バス

□ 町の地図はありますか。

Vous avez un plan de la ville ?
ヴザヴェ アン プラン ドゥ ラ ヴィル
　　　　　　地図　　　町の

□ 何を見に行くのですか。

Qu'est-ce qu'on va voir ?
ケ ス コン ヴァ ヴォワール

□ エッフェル塔を見てみたいのですが。

Je voudrais voir la tour Eiffel.
ジュ ヴドゥレ ヴォワール ラ トゥール エッフェル
　　　　　　　　見る　　　　　エッフェル塔

⇒ **voir** = （英語で）see ／ **regarder** = （英語で）watch, look at

PART 4 すぐに話せる！フランス旅行重要フレーズ

□ 市内観光バスツアーはありますか。

イヤ ティル デ スィルキュイ ドートカール トゥーリスティック
Y a-t-il des circuits d'autocars touristiques
　　　　　　　ツアー　　　　　市内観光バスの

アン ヴィル
en ville ?

□ 日本語のガイドはついていますか。

エ ス ク ヌザヴォン アン ギドゥ キ パルル
Est-ce que nous avons un guide qui parle
　　　　　　　　　　　　　　ガイド　　　話す

ジャポネ
japonais ?

【美術館・博物館】

□ ルーヴル美術館へ行きたいのですが。

ジュ ヴドゥレ アレ オ ミュゼ デュ ルーヴル
Je voudrais aller au musée du Louvre.
　　　　　　　　行く　　　　ルーヴル美術館

□ 館内ツアーはありますか。

ヴザヴェ ユヌ ヴィジットゥ ギデ
Vous avez une visite guidée ?
　　　　　　　　　　　館内ツアー

日本語で書かれたパンフレットもあります。

□ 内部見学はできますか。

ピュイ ジュ ルガルデ ア ランテリュール
Puis-je regarder à l'intérieur ?

● Lesson33 観光する〈美術館・博物館〉

□ 今何か特別な展示をしてますか。

アヴェ ヴ デゼクスポズィシヨン スペスィアルル アン
Avez-vous des expositions spéciales en
　　　　　　　　　　展示

ス モマン
ce moment ?

□ 入口はどこですか。

ウ エ ラントゥレ
Où est l'entrée ?
　　　　　　入口

□ モナリザの絵はどこにありますか。

ウ エ ル タブロー ドゥ ラ ジョコンドゥ
Où est le tableau de La Joconde ?
　　　　　　絵　　　　　モナリザの

□ 日本語のパンフレットはありますか。

ヴザヴェ アン デプリヤン アン ジャポネ
Vous avez un dépliant en japonais ?
　　　　　　パンフレット　　　日本語の

⇒ **en anglais**（英語の）, **en allemand**（ドイツ語の）

□ 順路はこちらでいいですか。

エ ス ル ボン シュマン
Est-ce le bon chemin ?

□ 絵はがきは売っていますか。

ヴザヴェ デ カルトゥ ポスタル
Vous avez des cartes postales ?
　　　　　　絵はがき

PART 4
すぐに話せる！フランス旅行重要フレーズ

Leçon 34 写真を撮る

ショート対話

□ A: すみませんが私の写真を撮っていただけますか。

エクスキュゼ　モワ　　ヴ　　プヴェ　　　ム　プランドゥル　アン
Excusez-moi, vous pouvez me prendre en

フォト
photo ?

□ B: はい，いいですよ。

ウィ　ビヤン　スュール
Oui, bien sûr.

□ A: ありがとう。ここを押すだけです。

メウスィ　　アピュイエ　イスィ　セ　　トゥ
Merci. Appuyez ici. C'est tout.

関連表現・事項

■写真を送るとき

「住所をここに書いていただけますか」

ヴ　　プヴェ　　　エクリール　ヴォトゥル　アドゥレス　　イスィ
Vous pouvez écrire votre adresse ici ?
　　　　　　　　　書く　　あなたの　住所　　　ここに

⇒所有形容詞 **votre**（あなたの）＋ 単数名詞（→ p.24）

すぐに使えるフレーズ

□ ここで写真を撮ってもいいですか。

エ スコン プ プラドゥル デ フォト イスィ
Est-ce qu'on peut prendre des photos ici ?
〜してもいいですか　　　　　　撮る

□ 写真を撮っていただけますか。

ヴ プヴェ ム プランドゥル アン フォト
Vous pouvez me prendre en photo ?
　　　　　　　私を　　　　　　　　写真に

□ 一緒に写真に入っていただけますか。

エ ス コン プ ヴ プランドゥル アン フォト
Est-ce qu'on peut vous prendre en photo
　　　　　　　　　　　あなたを

アベック モワ
avec moi ?
　　　私と

必ず確認してから。

□ A: あなたの写真を撮ってもいいですか。

ジュ プ ヴ プランドゥル アン フォト
Je peux vous prendre en photo ?

□ B: ええ，どうぞ。

ウィ ビヤン スュール
Oui, bien sûr.

□ 写真を送ります。

ジュ ヴザンヴェレ レ フォト
Je vous enverrai les photos.
　　　　　　送る

PART 4
すぐに話せる！フランス旅行重要フレーズ

Leçon 35 観劇・観戦

ショート対話

□ A: ミュージカルを見たいのですが。

ジュ　ヴドゥレ　　ヴォワール ユヌ コメディ　　ミュズィカル
Je voudrais voir une comédie musicale.
　　　　　　　見る　　　　　　　　ミュージカル

□ A: まだチケットは手に入りますか。

ピュイ ジュ アンコール アヴォワール デ　プラス
Puis-je encore avoir des places ?

□ B: 何名様ですか。

コンビヤン　　　ドゥ　ペルソンヌ
Combien de personnes ?

□ A: 2名です。

ドゥー
Deux.

■トイレは複数形

「いちばん近いトイレはどこですか」

ウ　ソン　レ　トワレット　　レ プリュ プロシュ
Où sont les toilettes les plus proches ?
　　　　　　　　　　　　　　　　　　いちばん近い

⇒「トイレ」は複数形。複数形の主語に合わせて、動詞も複数形 **"sont"** にします。

すぐに使えるフレーズ

□ チケット売り場はどこですか。

ウ エ ル ギシェ デ ビエ
Où est le guichet des billets ?
　　　　　売り場　　　　　チケット

□ A: まだ今夜の席はありますか。

ヴザヴェ アンコール デ プラス プール ス ソワール
Vous avez encore des places pour ce soir ?
　　　　　　まだ　　　　　　席　　　　　　　　今夜

⇒ **Encore!**（もう一度！）

コンサートの"アンコール"は Bis![ビス] と言います。

□ B: すべて売り切れです。

トゥタ エテ ヴァンデュ
Tout a été vendu.

□ 開演は何時ですか。

ア ケルール コマンス ル スペクタクル
À quelle heure commence le spectacle ?
　何時に　　　　　　　始まる　　　　　　興行

□ 終演は何時ですか。

ア ケルール フィニ ル スペクタクル
À quelle heure finit le spectacle ?
　　　　　　　　　　　終る

□ A: いつチケットを買えますか。

カンテ　　　スク　　ジュ　プレ　　アシュテ　　アン
Quand est-ce que je pourrai acheter un

ビエ
billet ?

□ B: 17 時からです。

ア　パルティール　ドゥ　ディセトゥール
À partir de 17 heures.

□ 学生 1 枚ください。〈窓口で〉

アン　ビエ　　エテュディヤン　スィル　ヴ　　プレ
Un billet étudiant, s'il vous plaît.
　1枚　　　学生

□ いちばん安い席はいくらですか。

コンビヤン　　クートゥ　ラ　プラス　　ラ　モワン　　シェール
Combien coûte la place la moins chère ?
　　　　　　　　　　　席　　　　　いちばん安い

□ 3 月 3 日の席を 2 枚ください。

ドゥー　プラス　プール　ル　トゥロワ　マルス　スィル　ヴ　プレ
Deux places pour le trois mars, s'il vous plaît.
　2　　席　　〜の分の　　3日　3月

(⇒ pour の後には日時を表す表現がきます。
　⇒ pour samedi（土曜日分の）/ pour le 25 avril（4月25日分の）)

● Lesson35 観劇・観戦

□ プログラムを1部ください。

アン　プログラム　　　　スィル　ヴ　プレ
Un programme, s'il vous plaît.

□ この席はどこでしょうか。〈チケットを見せて〉

ウ　エ　　セットゥ　プラス
Où est cette place ?
　　　　　この　　　席

□ 今日，サッカーの試合はありますか。

イ ヤ ティル アン マッチ　　ドゥ フゥトゥ　オージュルデュイ
Y a-t-il un match de foot aujourd'hui ?
　　　　　　サッカーの試合　　　　　　　　今日

□ 当日券はありますか。

エ　ス　キルゾン　　デ　ビエ　　プール　オージュルデュイ
Est-ce qu'il sont des billets pour aujourd'hui ?
　　　　　　　　　　　　　当日券

□ トイレはどこですか。

ウ　　ソン　　レ　　トワレットゥ
Où sont les toilettes ?
どこ　ですか　　トイレ

*さっと言えるように
しておきましょう。*

Leçon 36 両替する

ショート対話

□ A: 両替してください。

Pouvez-vous changer ces billets, s'il vous plaît.

□ B: どのようにしましょうか。

En billets de combien ?

□ A: 100ユーロ札10枚でください。

Je voudrais 10 billets de 100 euros, s'il vous plaît.

■関連表現

「現金支払機はどこにありますか」
Où est le distributeur de billets, s'il vous plaît ?

「現金でお願いします」
En espèces, s'il vous plaît.

すぐに使えるフレーズ

☐ 両替所 [銀行] はどこですか。

ウ エ ル ビュロー ドゥ シャンジュ ラ バンク
Où est le bureau de change [la banque] ?
　　　　　　両替所　　　　　　　　　　銀行

☐ これをユーロにしたいのですが。

ジュ ヴドゥレ シャンジェ ススィ アンニューロ
Je voudrais changer ceci en euros.

⇒ **ceci** は「これ，それ」性・数の変化はしません。

☐ このトラベラーズチェックを両替したいのですが。

ジュ ヴドゥレ シャンジェ セ シェック ドゥ ヴォワイヤージュ
Je voudrais changer ces chèques de voyage.
　　　　　　　　両替する

☐ 小銭もまぜてください。

ジュ ヴドゥレ オスィ ドゥ ラ プティットゥ モネ
Je voudrais aussi de la petite monnaie.
　　　　　　　〜も　　　　　　　　小銭

☐ 為替レートはどのくらいですか。

ケレ ル トー ドゥ シャンジュ
Quel est le taux de change ?
　　　　　　　　為替レート

☐ 計算書をください。

ラ ファクチュール スィル ヴ プレ
La facture, s'il vous plaît.
　　計算書

PART 4

すぐに話せる！フランス旅行重要フレーズ

37 Leçon 郵便局で

ショート対話

□ A: これを日本に送りたいのですが。

ジュ ヴドレ アンヴォワイエ スシ オ ジャポン
Je voudrais envoyer ceci au Japon.

□ B: 航空便だと 40 ユーロ，船便だと 15 ユーロです。

セ カラントューロ パーラヴィヨン エ カンズューロ
C'est quarante euros par avion et quinze euros
　　　　　　　　　　　　　　　　航空便で

パール バトー
par bateau.
船便で

□ A: 航空便でお願いします。

パラヴィヨン スィル ヴ プレ
Par avion, s'il vous plaît.
日本へ　　　　　　　航空便で

関連表現・事項

■ **数字の読み方と語順をチェック！** (→ P.30)

「90 セント切手を 2 枚ください」

ドゥー タンブル ア カトゥルヴァンディスーム サンティ スィル ヴ プレ
Deux timbres à 90 centimes, s'il vous plaît.
2枚　　切手　　90セントの

すぐに使えるフレーズ

□ 郵便局はどこですか。

ウ　エ　ル　ビュロー　ドゥ　ポストゥ
Où est le bureau de poste ?

⇒ **la poste**「郵便局」は，**le bureau de poste** とも言います。

□ ポストはどこですか。

ウ　エ　ラ　ボワット　レトゥル
Où est la boîte aux lettres ?

□ 切手を3枚ください。

ジュ ヴドゥレ　　トゥロワ タンブル　　スィル ヴ プレ
Je voudrais trois timbres, s'il vous plaît.
　　　　　　　　　切手

□ 1ユーロの切手4枚ください。

カトゥル　　タンブル　　アンニューロ　　スィル ヴ プレ
Quatre timbres à un euro, s'il vous plaît.
4枚　　　切手　　　1ユーロの

⇒ 1ユーロの切手1枚と言う場合は，**un timbre à un euro**

□ 記念切手がほしいのですが。

ジュ ヴドゥレ　　デ　タンブル　　ドゥ コレクスィヨン
Je voudrais des timbres de collection.

⇒ **des**（いくつかの）は不定冠詞複数形。（→ P. 20）

□ この小包を日本に送りたいのですが。

ジュ　ヴドゥレ　　エクスペディエ　ス　パケ　　オ　ジャポン
Je voudrais expédier ce paquet au Japon.
　　　　　　　　発送する　　　　この　小包　　日本へ

□ 日本へ航空便でお願いします。

プール　ル　ジャポン　　パラヴィヨン　　スィル　ヴ　プレ
Pour le Japon, par avion, s'il vous plaît.
日本へ　　　　　　　　航空便で

□ 速達でお願いします。

アネクスプレ　　スィル　ヴ　プレ
En exprès, s'il vous plaît.
速達で

□ 書留でお願いします。

アン　ルコマンデ　　スィル　ヴ　プレ
En recommandé, s'il vous plaît.
書留で

□ 日本までどれくらいかかりますか。

コンビヤン　　ドゥ　タン　　フォティル　プール　ル　ジャポン
Combien de temps faut-il pour le Japon ?

□ 小包に保険をかけたいのですが。

ジュ　ヴドゥレ　　アスュレ　　ス　パケ
Je voudrais assurer ce paquet.
　　　　　　　　保険をかける　この小包

□ これはコワレモノです。

セタン　　コリ　　フラジル
C'est un colis fragile.
　　　　1つの　小包　壊れやすい

● Lesson37 郵便局で

■ 両替・郵便

(m) は男性名詞，*(f)* は女性名詞

●【両替】

両替所	**bureau de change** *(m)* ビュロ　ドゥ　シャンジュ
銀行	**banque** *(f)* バンク
窓口	**guichet** *(m)* ギシェ
為替レート	**taux de change** *(m)* ト　ドゥ　シャンジュ
お金	**argent** *(m)* アルジャン
手数料	**commission** *(f)* コミスィヨン
紙幣	**billet** *(m)* ビエ
硬貨	**pièce (de monnaie)** *(f)* ピエス　（ドゥ モネ）
小銭	**(petite) monnaie** （プティットゥ）　モネ
トラベラーズチェック	**chèques de voyage** *(m)* シェック　ドゥ　ヴォワイヤージュ
外貨交換証明書	**bordereau de change** *(m)* ボルドゥロ　ドゥ　シャンジュ
サイン	**signature** *(f)* スィニャテュール

●【郵便】

郵便局	**bureau de poste** *(m)* ビュロ　ドゥ　ポストゥ
郵便ポスト	**boîte aux lettres** *(f)* ボワット　レットゥル
切手	**timbre** *(m)* タンブル
記念切手	**timbre de collection** *(m)* タンブル　ドゥ　コレクスィヨン
郵便番号	**code postal** *(m)* コードゥ　ポスタル
郵便はがき	**carte postale** *(f)* カルトゥ　ポスタル
小包	**paquet** *(m)* パケ
航空書簡	**aérogramme** *(m)* アエログラム
送る	**expédier / envoyer** エクスペディエ／アンヴォワイエ
航空便で	**par avion** パラヴィヨン
速達で	**en exprès** アネクスプレ
書留で	**en recommandé** アンルコマンデ
手紙	**lettre** *(f)* レットゥル
封筒	**enveloppe** *(f)* アンヴロップ

38 Leçon 電話で

ショート対話

□A: もしもし，シモンさんのお宅ですか。

アロー ジュ スュイ ビヤン シェ ムスィユー スィモン
Allô, je suis bien chez Monsieur Simon ?

□B: はい，そうです。どちらさまですか。

ウィ セ サ キ エタ ラパレーユ
Oui, c'est ça. Qui est à l'appareil ?

□A: こちらはナガイと言います。

セ ムスィユー ナガイ
C'est Monsieur Nagai.

⇒男性では Monsieur，既婚あるいは年配の女性には Madame，未婚の女性には Mademoiselle をつけます。

関連表現・事項

◇ 電話　　　　　　**téléphone** (m)　テレフォンヌ
◇ テレフォンカード　**télécarte** (f)　テレカルトゥ
◇ 携帯電話　　　　**portable** (m)　ポルタブル
◇ 公衆電話　　　　**téléphone public** (m)　テレフォンヌ ピュブリック
◇ 電話番号　　　　**numéro de téléphone** (m)　ニュメロ ドゥ テレフォンヌ
◇ 内線　　　　　　**poste** (m)　ポストゥ
◇ 国際通話　　　　**communication internationale** (f)
　　　　　　　　　コミュニカスィヨン　アンテルナスィヨナル

すぐに使えるフレーズ

□ 電話をお借りできますか。

ジュ プ　　　ユティリゼ　　ル　テレフォンヌ
Je peux utiliser le téléphone ?
　　　　　　　使う　　　　電話

□ 公衆電話はどこにありますか。

ウ　イ ヤ ティル アン テレフォンヌ　　　ピュブリック
Où y a-t-il un téléphone public ?

□ もしもし，ジョルジュ・サンク・ホテルですか。

アロー　　セ　　　ロテル　　　　ジョルジュ　　サンク
Allô．C'est l'hôtel George V ?

□ 内線 81 をお願いします。

ジュ ヴドゥレ　　ル ポストゥ　カトゥルヴァンアン スィル ヴ
Je voudrais le poste 81,　　　s'il vous
　　　　　　　　　内線　　　　└─ quatre-vingt-un

プレ
plaît.

□ A: アルビさんをお願いします。

ムスィユー　　　アルビ　スィル ヴ　プレ
Monsieur Albi, s'il vous plaît.

□ B: そのままでお待ちください。

Ne quittez pas, Monsieur.
ヌ　キテ　パ　ムスィユー

否定の表現

□ B: すみません。彼は今いません。

Désolé, il n'est pas là en ce moment.
デゾレ　イル ネ　パ　ラ　アン ス　モマン

□ A: また，後で電話します。さようなら。

Je vous rappellerai plus tard. Au revoir.
ジュ ヴ　ラペルレ　プリュ　タール　オ　ルヴワール
　　　　　　　　　　　　　　　あとで

□ 伝言をお願いしたいのですが。

Je voudrais laisser un message.
ジュ ヴドゥレ　レセ　アン メッサージュ
　　　　　　　残す　　メッセージ

□ 少々お持ちください。

Un instant, s'il vous plaît.
アンナンスタン　スィル ヴ　プレ

● Lesson38 電話で

□ ナカヤマから電話があったとお伝えください。

ディットゥリュィク　　マダム　　　ナカヤマ　　ア
Dites-lui que Madame Nakayama a

テレフォネ
téléphoné.

□ そちらは 05 56 23 11 72 ではありませんか。

セ　　ビヤン　ル
C'est bien le 05 56 23 11 72?

Zéro [ゼロ]

⇒ 電話番号は 2 桁ずつ区切って読みます。
　05 56　23 11 72
　[ゼロ サンク サンカントゥスィス ヴァントゥトゥロワ オンズ ソワサントゥドゥーズ]

□ すみません。間違えました。

エクスキュゼ　　モワ　　　ジュ　ム　スュイ　トロンペ
Excusez-moi. Je me suis trompé(e).
　　　　　　　　　　　　　　　　間違えました

□ 日本へ電話したいのですが。

ジュ　ヴドゥレ　　　テレフォネ　　　　オ　　ジャポン
Je voudrais téléphoner au Japon.
　　　　　　　　　電話する　　　　日本へ

□ コレクトコールで日本に電話をかけたいのですが。

ジュ　ヴドゥレ　　　テレフォネ　　　　オ　　ジャポン　　アン　ペセヴェ
Je voudrais téléphoner au Japon en PCV.
　　　　　　　　　　　　　　　　　　　　　　　　　コレクトコールで

PART 4

すぐに話せる！フランス旅行重要フレーズ

39 Leçon トラブル 〈盗難・紛失〉

ショート対話

□ A: バッグを盗まれました。

On m'a volé mon sac.

□ B: どんなバックですか。

Quel genre de sac était-ce ?

□ A: 黒い皮革のカバンです。

C'est un sac en cuir noir.

□ 見つかりしだいホテルに連絡してください。

Veuillez appeler mon hôtel dès que vous l'aurez retrouvé.

関連表現・事項

◇「出ていけ！」
Sortez de là !

◇「助けて [どろぼう]!」
Au secours [voleur] !

◇「気をつけて！」
Attention ! / Faites attention !

すぐに使えるフレーズ

□ 困ったことがあります。

ジェ　アン　プロブレム
J'ai un problème.
私は〜を持っています　問題

□ パスポートをなくしました。

ジェ　ペルデュ　モン　パスポール
J'ai perdu mon passeport.
私はなくしました　　　パスポート

「私の」ですね。

□ タクシーにバッグを置き忘れました。

ジェ　ウブリエ　モン　サック　ダンザン　タクスィ
J'ai oublié mon sac dans un taxi.
私は置き忘れた　　　　バッグ　タクシーの中に

□ A: 何が入っていましたか。

ク　イ　アヴェティル　ドゥダン
Qu'y avait-il dedans ?
　　　　入っていましたか

□ B: 財布とガイドブックです。

モン　ポルトゥフイユ　エ　アン　ギッド
Mon portefeuille et un guide.

「〜と」

□ 財布を盗まれました。

オン　マ　ヴォレ　モン　ポルトフイユ
On m'a volé mon portefeuille.
　　　　　　　私の　　財布

□ A: 財布の中にはいくら入っていましたか。

Combien d'argent aviez-vous ?

□ B: 現金 40 ユーロとクレジットカードです。

Quarante euros et des cartes de crédit.

□ ビデオ・カメラを持って行かれました。

Ma caméra-vidéo a disparu.

□ A: どこに届ければいいですか。

Où dois-je le signaler ?

□ B: あそこの遺失物係へ届けてください。

Veuillez le signaler au bureau des objets perdus.

□ A: 盗難証明書を作成していただけますか。

Pouvez-vous faire un constat de vol ?

● Lesson39 トラブル〈盗難・紛失〉

□ B: わかりました。この書類に記入してください。

ダコール　　　ヴェイエ　　　ランプリール　ス　フォルミュレール
D'accord. Veuillez remplir ce formulaire.
　　　　　　　　　　　　　　　　　　　　この 書類に

□ 緊急です。

セチュヌ　　　ユルジャンス
C'est une urgence !

□ 警察を呼んでください。

アプレ　　　　ラ　ポリース　　スィル　ヴ　　プレ
Appelez la police, s'il vous plaît.
呼ぶ　　　　　　警察

しっかり言い出せるようにしておきましょう。

□ 救急車を呼んでください。

アプレ　　　ムワ　　ユナンビュランス
Appelez-moi une ambulance !
　　　　　　　　　　救急車

□ 日本語を話せる人を呼んでください。

アプレ　　　ケルカン　　　　キ　パルル　　ジャポネ
Appelez quelqu'un qui parle japonais !
　　　　　　だれか　　　　　　話す　　日本語

□ 日本大使館はどこですか。

ウ　ス　トゥルヴ　　ランバサドゥ　　　デュ　ジャポン
Où se trouve l'Ambassade du Japon ?
　　　　　　　　　日本大使館

事故やパスポートを紛失した場合は、連絡すること。

PART 4　すぐに話せる！フランス旅行重要フレーズ

Leçon 40 病気・診察・薬局

ショート対話

□ A: どうなさったのですか。

Qu'est-ce que vous avez ?
　　何を　　　　　あなたは持っている

□ B: ここが痛いのです。

J'ai mal ici. 〜 痛いところを指差しながら言います。

□ A: いつから痛みますか。

Quand est-ce que ça a commencé à faire mal ?

□ B: 昨日の夜からです。

Depuis hier soir.

■関係代名詞の再チェック

「日本語のわかる医師はいますか」

Y a-t-il un médecin qui parle japonais ?
　　　　　　　　医師　　　　話す　日本語

先行詞は「人・もの」で主語になる。

（関連表現・事項）

すぐに使えるフレーズ

□ この近くに病院はありますか。

イ ヤ ティル アンノピタル プレ ディスィ
Y a-t-il un hôpital près d'ici ?
〜はありますか　病院　　　　　この近くに

□ お医者さんを呼んでください。

アン　メドゥサン　　スィル ヴ　プレ
Un médecin, s'il vous plaît.
　　医師

□ A: どんな症状ですか。

ケル　ソン　ヴォ　サンプトーム
Quels sont vos symptômes ?
どんな　　　　症状

□ B: 昨日から頭が痛いのですが。

ジェ　マラ　ラ テットゥ ドゥピュイ イエール
J'ai mal à la tête depuis hier.
私は〜が痛い　　頭　　　昨日から

□ ここが少し痛いです。

ジェ　アンプー　マル　イスィ
J'ai un peu mal ici.
　　　　少し　痛み　ここ

□ 下痢をしています。

ジェ　ラ　ディアレ
J'ai la diarrhée.
　　　下痢(の症状)

□ おなかが痛いです。

ジェ　マロ　　ヴァントゥル
J'ai mal au ventre.
　　　　　　おなか

「〜が痛い」のパターン

PART 4
すぐに話せる！フランス旅行重要フレーズ

□ 胃が痛いです。

ジェ　マラ　　レストマ
J'ai mal à l'estomac.
私は〜が痛い　　胃

□ 熱があります。

ジェ　ドゥ　ラ　フィエーヴル
J'ai de la fièvre.
　　　　　　　熱 — 英語の fever

□ 足［手］をけがしました。

ジュ　ム　スュイ　ブレッセ　　　　オ　ピエ　［ア　ラ　マン］
Je me suis blessé(e) au pied [à la main].
私はけがをしました　　　　　　足に

□ 風邪をひきました。

ジュ　スュイザンリュメ
Je suis enrhumé(e).
　　　　　風邪をひいている

□ 旅行を続けてもいいですか。

ジュ　プ　　　コンティニュエ　　ル　ヴォワィヤージュ
Je peux continuer le voyage ?
　　　　　続ける　　　　　　旅行 — 英語の continue

□ 薬をいただけますか。

ヴ　　プヴェ　　ム　ドネ　　　アン　メディカマン
Vous pouvez me donner un médicament ?
　　　　　　　　与える　　　　薬 — 英語の medicine

● Lesson40 病気・診察・薬局

【薬局】

□ 最寄りの薬局はどこですか。

ウ　エ　ラ　ファルマスィ　　ラ　プリュ　プローシュ
Où est la pharmacie la plus proche ?
薬局／最寄りの／英語の pharmacy

□ この処方をお願いします。

ジュ　ヴドゥレ　　レ　メディカマン　　　ドゥ
Je voudrais les médicaments de

セトルドナンス
cette ordonnance.
この　　　　処方

□ 風邪薬がほしいのですが。

ジュ　ヴドゥレ　　デ　メディカマン　　　プール　ル　リュム
Je voudrais des médicaments pour le rhume.
風邪薬

□ 歯痛の薬はありますか。

ヴザヴェ　　ケルクショーズ　　　プール　ル　マル　ドゥ
Vous avez quelque chose pour le mal de
歯痛の薬

ダン
dent ?

PART 4　すぐに話せる！フランス旅行重要フレーズ

■ トラブル 【盗難・紛失】

(m) は男性名詞, *(f)* は女性名詞

財布	**portefeuille** *(m)* ポルトゥフィユ
ポシェット	**pochette** *(f)* ポシェットゥ
バッグ	**sac** *(m)* サック
カメラ	**appareil photo** *(m)* アパレイユ フォト
パスポート	**passeport** *(m)* パスポール
クレジットカード	**carte de crédit** *(f)* カルトゥ ドゥ クレディ
トラベラーズチェック	**chèque de voyage** *(m)* シェック ドゥ ヴォワィヤージュ
クレジット会社	**société de crédit** *(f)* ソスィエテ ドゥ クレディ
警察署	**commissariat (de police)** *(m)* コミサリヤ ドゥ ポリス
消防	**pompiers** *(m,pl)* ポンピエ
日本大使館	**ambassade du Japon** *(f)* アンバサドゥ デュ ジャポン
空港会社	**compagnie aérienne** *(f)* コンパニ アエリエンヌ
銀行	**banque** *(f)* バンク
盗難届け	**déclaration de vol** *(f)* デクララスィヨン ドゥ ヴォル
紛失証明書	**attestation de perte** *(f)* アテスタスィヨン ドゥ ペルトゥ
事故証明書	**attestation d'accident** *(f)* アテスタスィヨン ダクシィダン
盗難証明書	**constat de vol** *(m)* コンスタ ドゥ ヴォル

■ 体の部位

(m) は男性名詞, *(f)* は女性名詞

毛髪	**cheveu** *(m)* シュヴー	腕	**bras** *(m)* ブラ
頭	**tête** *(f)* テットゥ	ひじ	**coude** *(m)* クドゥ
額	**front** *(m)* フロン	手	**main** *(f)* マン
頬	**joue** *(f)* ジュ	指	**doigt** *(m)* ドワ
耳	**oreille** *(f)* オレィユ	爪	**ongle** *(m)* オングル
まゆ毛	**sourcil** *(m)* スルスィ	背中	**dos** *(m)* ド
目	**œil** *(m)* / **yeux** *(m, pl)* ウィユ　　ユー	胸	**poitrine** *(f)* ポワトゥリヌ
鼻	**nez** *(m)* ネ	腹	**ventre** *(m)* ヴァントゥル
口	**bouche** *(f)* ブシュ	へそ	**nombril** *(m)* ノンブリ
唇	**lèvre** *(f)* レーヴル	腰	**reins** *(m, pl)* ラン
舌	**langue** *(f)* ラング	尻	**hanches** *(f, pl)* アンシュ
歯	**dent** *(f)* ダン	もも	**cuisse** *(f)* キュイス
あご	**menton** *(m)* マントン	ひざ	**genou** *(m)* ジュヌ
のど	**gorge** *(f)* ゴルジュ	脚	**jambe** *(f)* ジャンブ
首	**cou** *(m)* ク	足	**pied** *(m)* ピエ
肩	**épaule** *(f)* エポール		

PART 4　すぐに話せる！フランス旅行重要フレーズ

ブックデザイン	大郷有紀（ブレイン）
編集協力	音玄堂，金素樂
編集担当	斎藤俊樹（三修社）

CD付
バッチリ話せるフランス語

2009年5月20日　第1刷発行
2011年3月20日　第2刷発行

監修者	クリスティアン・ブティエ
	ニコラ・ロランス
発行者	前田俊秀
発行所	株式会社三修社
	〒150-0001　東京都渋谷区神宮前 2-2-22
	TEL 03-3405-4511　FAX 03-3405-4522
	振替 00190-9-72758
	http://www.sanshusha.co.jp/
印刷製本	壮光舎印刷株式会社
ＣＤ制作	三研メディアプロダクト 株式会社

©2009 Printed in Japan
ISBN978-4-384-04247-4 C1085

〈日本複写権センター委託出版物〉
本書を無断で複写複製（コピー）することは、著作権法上の例外を除き、禁じられています。本書をコピーされる場合は、事前に日本複写権センター（JRRC）の許諾を受けてください。
JRRC 〈http://www.jrrc.or.jp　email:info@jrrc.or.jp　Tel:03-3401-2382〉